本书受中南财经政法大学出版基金资助

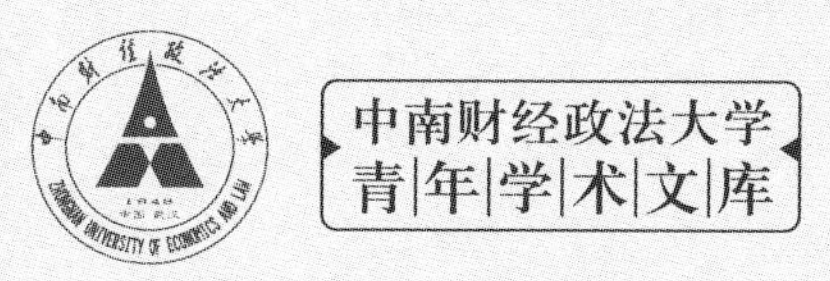

基于双边市场的众包模式研究

冯小亮　著

中国社会科学出版社

图书在版编目（CIP）数据

基于双边市场的众包模式研究 / 冯小亮著. —北京：中国社会科学出版社，2016. 4

（中南财经政法大学青年学术文库）

ISBN 978 - 7 - 5161 - 7979 - 6

Ⅰ. ①基… Ⅱ. ①冯… Ⅲ. ①企业管理 - 研究 Ⅳ. ①F270

中国版本图书馆 CIP 数据核字（2016）第 074845 号

出 版 人 赵剑英
责任编辑 田 文
特约编辑 陈 琳
责任校对 张爱华
责任印制 王 超

出 版 中国社会科学出版社
社 址 北京鼓楼西大街甲 158 号
邮 编 100720
网 址 http：//www. csspw. cn
发 行 部 010 - 84083685
门 市 部 010 - 84029450
经 销 新华书店及其他书店

印 刷 北京金瀑印刷有限责任公司
装 订 廊坊市广阳区广增装订厂
版 次 2016 年 4 月第 1 版
印 次 2016 年 4 月第 1 次印刷

开 本 710 × 1000 1/16
印 张 10
插 页 2
字 数 176 千字
定 价 39. 00 元

《中南财经政法大学青年学术文库》编辑委员会

总　序

一个没有思想活动和缺乏学术氛围的大学校园，哪怕它在物质上再美丽、再现代，在精神上也是荒凉和贫瘠的。欧洲历史上最早的大学就是源于学术。大学与学术的关联不仅体现在字面上，更重要的是，思想与学术，可谓大学的生命力与活力之源。

中南财经政法大学是一所学术气氛浓郁的财经政法类高等学府。范文澜、嵇文甫、潘梓年、马哲民等一代学术宗师播撒的学术火种，五十多年来一代代薪火相传。世纪之交，在合并组建新校而揭开学校发展新的历史篇章的时候，学校确立了“学术兴校，科研强校”的发展战略。这不仅是对学校五十多年学术文化与学术传统的历史性传承，而且是谱写21世纪学校发展新篇章的战略性手笔。

“学术兴校，科研强校”的“兴”与“强”，是奋斗目标，更是奋斗过程。我们是目的论与过程论的统一论者。我们将对宏伟目标的追求过程寓于脚踏实地的奋斗过程之中。由学校斥资资助出版《中南财经政法大学青年学术文库》，就是学校采取的具体举措之一。

本书库的指导思想或学术旨趣，首先在于推出学术精品。通过资助出版学术精品，形成精品学术成果的园地，培育精品意识和精品氛围，以提高学术成果的质量和水平，为繁荣国家财经、政法、管理以及人文科学研究，解决党和国家面临的重大经济、社会问题，作出我校应有的贡献。其次，培养学术队伍，特别是通过对一批处在“成长期”的中青年学术骨干的成果予以资助推出，促进学术梯队的建设，提高学术队伍的实力与水平。再次，培育学术特色。通过资助出版在学术思想、学术方法以及学术见解等方面有独到和创新之处的科研成果，培育科研特色，以形成有我校特色的学术流派与学术思想体系。因此，本书库重点面向中青年，重点面向精品，重点面向原创性学术专著。

春华秋实。让我们共同来精心耕种文库这块学术园地，让学术果实挂满枝头，让思想之花满园飘香。

2009年10月

Preface

A university campus, if it holds no intellectual activities or possesses no academic atmosphere, no matter how physically beautiful or modern it is, it would be spiritually desolate and barren. In fact, the earliest historical European universities started from academic learning. The relationship between a university and the academic learning cannot just be interpreted literally, but more importantly, it should be set on the ideas and academic learning which are the so – called sources of the energy and vitality of all universities.

Zhongnan University of Economics and Law is a high education institution which enjoys rich academic atmosphere. Having the academic germs seeded by such great masters as Fanwenlan, Jiwenfu, Panzinian and Mazhemin, generations of scholars and students in this university have been sharing the favorable academic atmosphere and making their own contributions to it, especially during the past fifty – five years. As a result, at the beginning of the new century when a new historical new page is turned over with the combination of Zhongnan University of Finance and Economics and Zhongnan University of Politics and Law, the newly established university has set its developing strategy as "Making the University Prosperous with academic learning; Strengthening the University with scientific research", which is not only a historical inheritance of more than fifty years of academic culture and tradition, but also a strategic decision which is to lift our university onto a higher developing stage in the 21st century.

Our ultimate goal is to make the university prosperous and strong, even through our struggling process, in a greater sense. We tend to unify the destination and the process as to combine the pursuing process of our magnificent goal with the practical struggling process. The youth's Academic Library of Zhongnan University of Economics and Law, funded by the university, is one of our specific measures.

The guideline or academic theme of this Library lies first at promoting the publishing of selected academic works. By funding them, an academic garden with high – quality fruits can come into being. We should also make great efforts to form the awareness and atmosphere of selected works and improve the quality and standard of our academic productions, so as to make our own contributions in developing such fields as finance, economics, politics, law and literate humanity, as well as in working out solutions for major economic and social problems facing our country and the Communist Party. Secondly, our aim is to form some academic teams, especially through funding the publishing of works of the middle – aged and young academic cadreman, to boost the construction of academic teams and enhance the strength and standard of our academic groups. Thirdly, we aim at making a specific academic field of our university. By funding those academic fruits which have some original or innovative points in their ideas, methods and views, we expect to engender our own characteristic in scientific research. Our final goal is to form an academic school and establish an academic idea system of our university through our efforts. Thus, this Library makes great emphases particularly on the middle – aged and young people, selected works, and original academic monographs.

Sowing seeds in the spring will lead to a prospective harvest in the autumn. Thus, let us get together to cultivate this academic garden and make it be opulent with academic fruits and intellectual flowers.

Wu Handong

中文摘要

互联网环境下社会化网络的发展，为人们兴趣爱好的实现和个人才能的发展提供了广阔的舞台。用户创造（User Generated Content，UGC）、消费者参与等许多对企业影响重大的模式的诞生，为企业发展提供了新机遇。众包模式在此背景下产生，它是指企业或组织通过社会网络，将研发创新或其他内部无法完成的任务，外包给一群兴趣爱好者完成，企业可以从所提交的方案中择优选择，最终只给予中标者适当奖励。众包将社会中闲置的智力资源转化成有效的生产力，创造了新型的知识市场，同时为企业发展提供了新型分布式的问题解决和生产模式。从企业的角度来说，众包和外包不同，众包的任务是外派给社会网络上的群体，而外包的任务是外派给确定的个体；众包和开源不同，众包由某客户提出，并且以个人或小组为基础来进行，开源则是通过群体中的个体自愿地创造和合作完成任务。众包模式得到了国内外众多企业的应用，如 IBM、标志汽车、微软、宝洁、耐克、阿迪达斯、宝马等各行业国际知名企业均将此纳入企业的研发创新中，同时成千上万个中、小企业也将此作为获取外部智力资源的策略。通过众包，企业可以获取比自己组织内部更广泛的智力资本，并快速地洞察客户需求①。然而现有关于众包模式的研究较少，而且多局限在对众包模式“是什么”和“对企业有何意义”的介绍上，呈现块状和零散化特征，缺乏能够指导企业众包活动开展和众包平台企业发展的系统性理论研究。

针对这一研究现状，本书以众包模式发展为研究主题，探讨了三个核心问题：问题解决者（solver）为什么会参与到众包活动中？企业开展众包活动时如何吸引问题解决者？众包平台如何促进买卖双方交易的顺利进行？本书以双边市场为研究视角，与以往的研究具有很大的差异性，同时

---

① Busarovs, Aleksejs. “Crowdsourcing As user-driven innovation, new business philosophy’s model”, *Journal of Business Management*, 2011 (4), pp. 53 - 60.

也是众包研究的关键点。众包是通过第三方平台凑合买（任务发包方）、卖（任务参与者）双方，因此存在双边市场发展的两个基本问题："众"的聚集，构建买卖双方的交叉网络效应，需要一定数量的双方参与者；"包"的实现，如何促进买卖双方交易的顺利进行。本书对于问题解决者参与动机和发包方策略的研究，是对"众"问题的回答。而平台方治理机制的研究，则可以回答"包"的问题。本书的研究旨在进一步系统性地完善众包模式理论，并为发包企业和众包平台企业提供管理启示。

本书共开展三项研究，分别回答与各参与方相关的核心问题。首先，我们通过内容分析法，对问题解决者的博客内容进行分析，探讨了问题解决者的参与动机（研究1），分析了参与动机的组成要素以及各种动机之间的关系机制。其次，我们采用企业开展众包活动的二手数据，对发包方策略效果进行了检验分析（研究2），分别检验了奖金策略、时间策略、任务难易程度对于问题解决者的关注度、参与度和投入积极性的影响效果，并进一步结合任务难易程度的不同，分析了奖金策略、时间策略的影响差异性，提出了发包组合策略的设计建议。最后，我们采用众包平台客户交易的相关二手数据，对众包平台方如何促进众包交易的顺利开展进行了探究（研究3），分析了平台第三方应该如何帮助买卖双方信任体系的建立，以促进平台内双方交易绩效的提升。三个研究分别从卖方、买方和平台方展开，可以系统性地服务于众包实践的开展。

本书共分为导论、基础理论、三个研究和总结四大部分，共六个章节。各章概要如下：

第一章导论，主要阐述了本书的研究背景、选题意义和研究的关键问题。众包是一种分布式（distributed）的问题解决模式，它将企业面临的研发难题或无法完成的任务，转交给社会网络大众群体完成，为企业获取外部智力资源创造了全新的模式。众包模式创造了新型的知识市场，通过社会网络将分散、闲置的智力资源聚集起来，为企业的资本市场提供服务，是典型双边市场的体现。对众包模式的研究具有较大意义，但现有关于众包模式的研究非常零散，主要介绍众包模式"是什么"和"有何意义"，缺乏学术性和系统性，不能有效指导众包活动的开展。众包模式发展面临的问题是如何发挥网络外部性，促进参与双方规模"众"的问题和"包"的顺利实现。为此本书从三个方面展开系统性研究：众包中问题解决者为何要参与？发包方如何吸引问题解决者？众包平台如何促进交易的顺利进行？这些问题的研究可以丰富众包理论，同时为发包企业和众包平台企业开展众包实践提供策略指导。

第二章基础理论，主要阐述了众包模式的相关理论基础，从社会化生产理论、开放创新理论和双边市场理论展开。首先，众包中的任务完成以群体参与为特征，属于社会化生产的一种形式。社会化生产的最大特征是群体自愿参与创造，生产方式可以是相互合作的，如开源活动中参与者是协同推进程序发展的也可以是相互竞争的，如众包中参与者独立竞争任务奖金。基于群体创造的社会化生产理论为众包模式的研究提供了理论背景，同时由于活动方式的独特性，众包的问题解决者参与动机是社会化生产中新的研究课题。其次，众包是利用外部智力资源，为企业研发创新或其他任务提供服务，符合开放创新思路对于企业资源整合的要求。众包是企业开放创新的具体实施表现之一，因此开放创新理论为发包方企业采用众包模式提供了理论背景，但企业如何开展好众包活动则是开放创新理论背景下新的研究问题。最后，众包平台的运作是基于双边市场理论模式开展的，众包平台面临两个具有差异性的客户群体：问题解决者和任务发包方。而众包平台内的交易对象是以知识创意型产品为主的，相较于传统的实物产品交易型平台具有差异性，因此众包平台应该如何促进知识创意型产品的交易，则是双边市场理论中出现的新问题。以往的理论为本书研究提供了背景知识，同时也提出了新的研究问题和挑战。

第三章开展了研究一：问题解决者参与动机研究，主要分析了众包中问题解决者参与动机的组成要素以及相互之间的关系机制。众包主要是为企业提供智力资源服务，问题解决者提交的方案成果归发包企业独享，因此与以往的群体参与活动形式有所差异。本研究通过对问题解决者博客的内容分析发现，他们的动机由内部、外部和内化的外部动机三大类别组成，一共有十六个维度，兴趣爱好、奖金刺激和能力锻炼是其中的主要代表。本研究进一步发现，问题解决者各动机之间呈现相互强化的共生状态，对于奖金的追求和满足兴趣爱好、能力锻炼并不冲突。这与开源程序中问题解决者的动机关系状态相反，因此本书的研究可以丰富和拓展社会化生产、开放创新中问题解决者的动机理论。

第四章进行了研究二：发包方策略研究，主要检验分析了现有发包策略的影响效果，并根据任务难易程度的不同提出了众包策略组合的建议。众包类似于企业开展的任务竞赛活动，只是参与者为企业外部的网络大众，而且是由参与者先完成任务后投标，发包企业采用实物期权的思路逻辑进行活动管理。根据实物期权理论在任务竞赛中的应用，总结出发包方可以操控的主要策略有奖金额度、时间周期和任务难易程度三种。本研究发现奖金策略只能吸引问题解决者的关注和参与，但对于核心问题解决者的投入积极性反而有负面影响，时间周期与关注者、参与者数量呈现倒“U”形关系，众包活动的策略设计具有复杂性。研究进一步发现高奖金和长周期策略组合适用于简单任务，可以提升参与者人数，保证方案选择的多样性；低奖金和短周期策略组合反而适用于难度较大任务，此类任务关键在于调动问题解决者自身兴趣爱好、能力锻炼等内部和内化外部参与动机，可以帮助提高方案质量。发包方制定策略时应根据任务类型特征和问题解决者的动机，制定相应的策略组合，以达到影响效果的最大化。本研究旨在为企业开展众包活动，进行策略组合设计时提供有效指导。

第五章开展了研究三：平台方治理机制研究，主要分析了众包平台企业如何有效促进买卖双方交易的顺利进行。由于众包平台内交易对象均为虚拟的知识创意型产品，此类产品最大特征是缺乏衡量质量的统一标准，信任是促进此类产品交易的关键。任务参与者是否值得信任，发包方是否愿意信任他们。本研究发现，由于双方处于网络环境下，交易信任体系的建立成本高、难度大，因此需要第三方平台完成。第三方平台对于买卖双方资质验证的控制管理，是建立双方信任的前置因素，信任机制的建立可以促进双方交易绩效的提升。买卖双方的控制管理和平台内信任体系的建立，是平台治理工作的重点，同时也是企业核心竞争力的体现，本研究旨在为众包平台企业发展提供合理建议。

第六章结论，通过对前述研究进行总结并加以评论。本研究从问题解决者、发包方和众包平台方三个角度对众包模式系统性地进行了探究，首先，分析了问题解决者为何参与到众包活动当中来，发现兴趣爱好、奖金刺激和能力锻炼是其参与的主要动机代表；其次，分析了发包方如何吸引问题解决者参与，难度较大任务应设计低奖金和短周期组合的策略。简单任务则与之相反，策略设计时应结合问题解决者的动机分析和任务类型；最后，探究了平台方应如何促进众包交易的顺利进行，众包平台企业应加强参与双方的控制管理，以促进交易双方任务体系的建立，从而促进平台内众包交易的绩效提升。

总之，本书通过三个研究，采取定性和定量相结合的方法，采用与众包活动相关的实际二手数据，力求研究内容和结论的可靠性。本书的研究丰富了众包模式的理论，也补充了社会化生产理论、开放创新理论和双边市场理论，为发包方企业活动开展的策略设计提供了直接策略指导，同时也为平台企业的管理工作提供了借鉴和参考。

关键词：众包模式；参与动机；发包策略；治理机制；双边市场

Abstract

The development of social network has provided a lot of chances for the fulfillment of personal interests and achievement of individual talent. It brings the emergence of certain business models such as " User Generated Content " (UGC), consumer-participation, etc. , which have given many a new opportunities for the enterprises. The Crowdsourcing Mode was given birth against such background, which indicates an enterprise or organization outsource its R&D and innovation, or other undone tasks to a group of enthusiasts, from which the enterprise picks out the optimal proposal on the basis of the competitive selection, and properly rewards the successful bidder in the end. The Crowdsourcing mode will transfer the unused intelligence resources into effective productivity, produce a new type of knowledge market, and provide new distributed solution and production mode for the development of an enterprise. The crowdsourcing is different from outsourcing: firstly, while the crowdsourcing task is assigned to the groups of the social network, the outsourcing task is to the appointed individual; moreover, the crowdsourcing tasks are dissimilar from the open source software, as the former are posted by certain clients and accomplished on the basis of groups or individuals, the latter is done by voluntary creation and cooperation from the individuals of a colony. The Crowdsourcing mode has been applied by many companies such as IBM, Peugeot, Microsoft, Procter & Gamble (P&G), Nike, Adidas, BMW and other renowned enterprises for their research and development of the company innovation. Meanwhile, hundreds of small and medium-sized enterprises are rapidly adapting to the crowdsourcing mode for their strategy of acquiring the external intelligence resources. Through crowdsourcing, the enterprise can obtain wider intellectual capital from the outside and quickly observe the customer demand (Busarovs, 2011). However, few research shed light on crowdsourcing mode, most of existed researches are limited in introducing "what it is" and "what does it mean to the enterprise". Therefore, the dispersion and unsystematic academic research in the present could hardly guide the development of crowdsourcing mode.

In order to enrich crowdsourcing mode research, we focus on three key questions in the dissertation: Firstly, why the solvers will take part in crowdsourcing task? Secondly, how the crowdsourcer attract solvers? Finally, how the crowdsourcing platforms boost the trade between solvers and crowdsourcer? As the difference from prior research, we analyze crowdsourcing from the perspective of two-sided markets, which is the key point in the crowdsourcing research. The third-party crowdsourcing platform bridge the buyer (crowdsourcer) with the seller (solver), so there are two basic problems in the crowdsourcing mode: "crowd" combination, the crowdsourcing market needs two-sided participators constructing cross network effect; "outsource" implementation, how to make the trade goes smoothly. The research on solvers' motivation and crowdsourcers' outsourcing tactics can figure out the "crowd" effect, and platform governce research can help the achievement of outsource. The purpose of this research is to guide the practice of the crowdsourcer and platform, enlighten the crowdsourcing mode theory systematically.

We have conducted three researches corresponding to each participator's key question. Firstly, in study 1 we applied content analysis method to solvers' blog, exploring constitutes and relationship mechanisms within solvers' participating motivation. Secondly, in study 2 we used secondary hand data from crowdsoucers' task activities to test the effect of tactics, verifying the respective influences of prize incentive, time framing and task types on sovlers' attention, participation and efforts. Furthermore, the different tactics combination of prize incentive and time framing according to task type are analyzed, some suggestions are made. Finally, in study 3 we also adopted secondary hand data from crowdsourcing platform's trading track, to explain that how platform building the trust system between sellers and buyers to enhance their trade performance. The three studies are corresponding to the solver, seller and platform respectively, which are useful to crowdsourcing practice.

This paper is divided into four major parts: introduction, theory background, three empirical studies and the overall discussion, including six chapters. Summary of each chapter is as follows:

Chapter Ⅰ describes the main studing questions of this paper, research motivation, significance of the topic and innovation. Crowdsourcing is a distributed problem solving method to the company, it brings outside human intelligence for the development of enterprise. The company can outsource the difficult R&D problems and unable finished task to the internet crowd via crowdsourcing. It gathers the distributed and unoccupied human intelligent resources by social network, connected them with entrepreneurial capital needs, building a new knowledge two-sided market. Though it is significant to study on crowdsourcing mode, prior research is rare and lacks of systematic and academic analysis. The existed research just told us "what is the crowdsoucing" and "what it means to the company", but how to conduct a successful crwodsourcing practice, prior research can provide little guidance. So there is a research gap. The difficulty in the development of crowdsourcing is yielding the cross network externality, to boost the "crowd" and "outsource" successfully. Three complementary research questions are arisen. Why the solvers will take part in crowdsourcing task? How the crowdsourcer can attract a lot of solvers to joint the task? How the platform can push the trade between their clients? Those researches can enrich crowdsourcing mode theory and are helpful to the crowdsourcer and platform.

Chapter Ⅱ mainly sorted out the literature about crowdsourcing mode, from social production theory, open innovation theory to two-sided market theory. Firstly, crowdsourcing is a kind of social production, because the task is finished by a group of voluntary solvers, which is the typical feature of social production. There two kinds of relationships among solvers during the social production process, one is collaboration, for example the solvers work together to develop computer system in open source software; another is competition, take the crowdsoucing for an example, solvers competed with each other for prize. Social production provide basic theory and new research topic for crowdsoucing mode research, because the uniqueness of crowdsourcing activity. Secondly, Crowdsourcing is making use of outside human intelligence for R&D and other task, obey the logic of open innovation, which advocates company should integrate outside resource for development. So open innovation is the theoretical background of crowdsourcing, however how to crowdsource is a challenge for research. Thirdly, crowdsourcing platform is stand for two-sided market, solvers and crowdsourcer are two different clients to the platform. The trading object is knowledge based creative product, which is different to the traditional platform business, so how to service transaction better is new research question for the two-sided market theory. Prior researches provide theoretical background for this dissertation, and also bring about new challenges.

Chapter Ⅲ is the study 1, which focused on the solvers' motivation, analyzing constitutes and relationship mechanism of solvers participating motivation. Crowdsourcing is different from prior mass activity, it provides human intelligent service for the enterprise, and the final proposal is only belonging to the crowdsourcer company. After contents analysis of solvers' blog, we found solvers motivation can be divided into three groups, consisting of 16 dimensions. Hobies and interests, prize incentive and self learning capabilities are the main representatives. Furthermore, we found that the relationship among motivations is complementary; it is not contradictory to pursue prize, hobies and interests, and self learning capability in the same time for solvers. The result is opposite to the open source software, so this research can enrich the theory of solvers' motivation in social production and open innovation background.

Chapter Ⅳ paid attention to the strategy of the crowdsourcing task givers, which mainly tested their strategic impacts, and provided systematic advices for crowdsourcing tactics of tasks with different levels of difficulty. Crowdsourcing is similar to a competition event, while the participants are the netizens in the outside of the enterprises; meanwhile, the competitors fulfill a task before they enter the bid, the crowdsourcing task-giving companies adopt the logical thinking of the Real Option for their managerial practices. In line with the application of the Real Option Theory in competition, the main strategies of which could be operated by the enterprises are concluded as the bonus amount, time cycle and task difficulty. Our research has found that the rewarding strategy attracts only the concerns and participation of the problem solvers, whereas on the other hand, it poses a negative impact on their positivity of involvement in working out the solution of the core problems. In addition, the relationship between the time cycle and the followers/participants appeared to be a reversed "U" shape, which reflects the complexity of the strategy design of crowdsourcing. We further discovered that the composition of high bonus and long period is appropriate for easy task, in the way of improving the number of participants and ensure the diversity of the proposals. On the other hand, low bonus and short period combination is more suitable for difficult task, for which the key lies on motivating the interests and expertise of the problem solvers and improving the quality of the proposal. The formulation of the task-giver tactics should be based on the types, features and participant motivation of assignments, so as to maximize the positive effects. And this study is aimed at offering effective guidance of strategy formulation for the crowdsourcing enterprises.

Chapter V developed the third study of this paper and discussed the governance mechanism of the crowdsourcing platform, which mainly analyzed how the crowdsourcing enterprises facilitate the business transaction smoothly. Owing to the type of the transactional objects are the virtually intellectual innovation products which can hardly be standardized, thus trust is the key enabler of the successful business transaction. We found that under the circumstance of the internet environment, the costly and difficult nature for the establishment of the trust system requires a tripartite platform. Such platform provides the verification system which is the antecedent for building up trust for both of the contracting parties, and improving the returns of the transaction. The mastering management and set-up of the trust system are hence the emphasis of the platform operation, and the reflection of the core competence of the enterprise. And this study was designed to give reasonable suggestions for the tripartite platform.

Chapter VI summed up the former research conclusions. This paper has systematically explored three angles from the crowdsourcing mode: the problem solvers, task giver and tripartite platform. Firstly, The interests, bonus stimulus and capacity training are the reasons that the problem solvers to participate in the crowdsourcing activities; secondly, the tactics for task givers to attract the mass participation, are combining difficult assignment with low reward and limited time, which is to the contrary for a simple task; and the formulation of the task strategy should take the motivation analysis and task types into account; Finally, in order to successfully facilitate the business transaction of both contracting parties, the tripartite platform should reinforce the validation control, so as to encourage the foundation of the trust system and improve the performance of the crowdsourcing transaction.

This article conducts three studies and applies two research methods, including contents analysis and secondary data empirical analysis, to identify some solid conclusions. Our researches enrich the crowdsoureing and managerial theory of social production theory, open innovation theory and two-sided market theory. Our findings can improve the performance of crowdsourcer and platform.

Key words: crowdsourcing mode; participating motivation; outsource strategy; governce mechanism; two-sided market

目　录

表目录

图目录

第一章　导论

第一节　问题提出

一　众包的产生与发展

广州某酒类代理公司近来拟多元化发展，准备向房地产投资进军，由于业务领域发生了改变，想改进企业的 VI 系统，需重新设计企业品牌标识。按照传统思维该公司应该聘请专业的设计机构完成此项工作，但他们却是通过一个网站发布此项任务需求，然后由一群设计兴趣爱好者参与和各自提交方案，该公司最终从众多的方案中选择了合适的方案，只向最终的问题解决者支付一些奖金报酬。同样，某国外大型制药公司在新产品研发中，研发人员面临一项新药物化学成分稳定难题，若由企业内部科学家团队完成需要耗时半年。根据以往经验该医药公司只能通过内部员工缓慢完成此项工程，或聘请新的研究团队加入，但该公司在某网站发布此项难题攻关任务需求，全世界各地有兴趣的科学家纷纷参与，该医药公司半个月内就得到了理想的解决方案，而且只花费了少量的奖金成本。

以上两个案例中的共同点是企业通过外部人员完成了内部职能之外或难度较大的任务，而且花费的经济、时间成本相较以往显著减少。此类问题解决方式就是众包——一种新型的分布式问题解决模式，是本书的研究主题。众包模式的正式提出来自于 Howe（2006）① 在美国《连线》杂志上的撰文，他指出众包是将传统的由企业或组织内部完成的某项任务，通过外包和自由参与的形式，转交给非特定的网络大众完成。进一步概括，众包就是将企业或组织的问题以公开招标的方式提供给方案解决者（称之为

---

① Howe, Jeff. "The rise of crowdsourcing", *Wired Magazine*, 2006 (14), pp. 1–5.

问题解决者，sovler；或威客，Witkey。两者表达同一个意思，下文将根据语境替换使用）；用户提交方案后，发包方（Crowdsourcer）审查方案，发现最合适的解决方案，并使用最终方案的使用权，中标者有时会被奖励[①]。众包模式的根源可以追溯到19世纪英国政府的赏金任务，其产生可以说已经有着悠久的历史，但作为一种商业化的生产模式得到人们的关注和企业的大量运用却是在Web 2.0的发展之后。

Web 2.0构建了社会化网络，提供了具有共同兴趣爱好者交流的平台。众包模式不仅只是其中的一个流行术语，而是已经成为一种战略模式去吸引有兴趣、有参与动机和具有能力可以为企业提供智力资源服务的群体。它以全球化互联网为平台，构建出有机的、错综的人力资源和知识网络，网络内部包含着多样性、个性化的智力资源和大量的闲置人力资源，成为有战略发展眼光和领导型企业的关注焦点。因为相对于传统的内部创新研发，众包可以为企业提供更多数量、高质量、个性化的解决方案，为企业研发创新和问题解决提供重要的智力资源。众包从商业模式角度揭示了成本领先和差异化，可以同时进行。社会化网络使得众包模式快速发展，已成为一个坐拥上千亿资金的市场，IBM、标志汽车、微软、宝洁、耐克、阿迪达斯、宝马等各行业国际知名企业均将此纳入企业的研发创新中，同时成千上万中、小企业也将此作为获取外部人力资源的策略。同时围绕众包，许多企业得以创立并发展良好，如Threadless、iStockphoto、Crowdspirit、价值中国网、task. cn、猪八戒网等。

二 众包模式的特点

“众包”从词语上可以直接看出包含两个层面意思：“众”，即群体；“包”，即外包。然而以群体创造的生产模式有开源软件生产，而外包作为企业某项职能转移的方式也已存在很久了。而众包模式作为新近发展的生产组织模式，已经被越来越多的企业或组织所采用，为了更好地发挥众包模式的优越性，需要对众包模式的特点有一定的了解。众包作为开源软件的群体参与和外包两种模式的结合，具有两者显而易见的共同特征，但本

---

① Doan, Anhai, Ramakrishnan, Raghu, Halevy, Alon Y.. “Crowdsourcing Systems on the World-Wide Web,” *Communications of the ACM*, 2011. Vol. 54 Issue 4, pp. 86 – 96; Zheng, Haichao, Dahui Li, Wenhua Hou. “Task Design, Motivation, and Participation in Crowdsourcing Contests,” *International Journal of Electronic Commerce*, 2011, 15 (4), pp. 57 – 88.

质上与两者有着不同之处。

首先，众包与外包有着本质区别，主要体现为以下几点：（1）在管理方式上，外包仍然是企业雇佣人员提供服务，双方采用合同契约规范行为义务，与雇佣关系没有实质区别。而众包则是从外部吸引人才的参与，使他们参与到某项任务中，采取自愿的非合同形式；（2）在流程管理上，外包是先投标后完成任务，而众包则是先由问题解决者完成任务，后参加投标；（3）在参与任务完成者数量方面，外包实质上是一对一的关系，完成任务者是单个中标方。而众包是一对多的关系，企业发布的一项任务，由一群问题解决者分别完成；（4）在完成任务的质量评价标准上，外包的任务完成通常有着明确的考核标准，而众包多以知识创意型产品为主，其质量评价问题非常抽象。

其次，众包与开源软件生产也是两种完全不同的组织方式，体现为以下两点：（1）在最终成果的归属权上，虽然都是网络环境下由兴趣爱好者参与完成的，开源软件活动的成果是共享的，不属于任何组织或个人独占。而众包的成果知识产权属于发包方企业，涉及知识产权的交易问题，具有排他性[1]。（2）在任务的类型上，开源软件只是针对电脑程序，适用的企业范围狭窄，而众包则可以解决企业研发创新中所遇的各种难题，范围非常之广。

综上所述，我们可以进一步明确看出，众包是在社会网络化环境下，企业合理借助外部智力资源的全新生产模式，是一个较新的研究课题。

三　众包模式中的关键问题

众包模式创造了新型的知识市场，它将闲散的、分布式的智力资源聚集起来，使之与企业资本市场需求相结合，为企业发展提供了有效服务。然而众包模式发展中的关键问题是如何将“众”多的知识提供者和知识需求者结合起来，有效实现各方目标。由于众包中的任务参与者和发包方处于分散的状态，因此存在两难抉择的问题：一方面，当问题解决者群体规模较小时，难以保证企业可选择方案的多样性，不利于保证最终方案质量，会影响发包方企业群体的采用的积极性；另一方面，当发包方群体数量较小时，难以保证问题解决者选择到感兴趣的任务，不

---

① Brabham, Daren C.. “Crowdsourcing as a model for problem solving: An introduction and cases,” *Convergence: The International Journal of Research into New Media Techologies*, 2008, 14 (1), pp. 75 - 90.

利于其参与积极性的提高，对于问题解决者群体的参与动机会产生负面影响。所以众包模式的发展存在跨网络效应（cross network effect）问题，众包模式是典型的双边市场，联结众包中任务发包方和问题解决者需求的是众包平台。

因此对众包模式关键问题的研究可以进一步归结为对众包平台市场的研究。首先，要考虑如何促进买、卖双方群体规模的扩大，这可以解决众包中任务发包方和问题解决者的“众”的基础问题。其次，如何实现众包平台买、卖双方交易的顺利进行，这可以解决众包中“包”的顺利实现。

第二节　已有关于众包模式研究

通过文献检索发现，现有关于众包的研究较为零散，管理学和营销学高质量学术期刊上目前均未发现关于众包模式的研究文献。目前可见的关于众包的研究较多的聚焦在“什么是众包”和“众包对企业有何意义”上，缺乏对于众包模式开展的系统性和深度研究，现有研究具体总结为以下三个方面：

（1）支持众包运作的平台企业模式分析①。对众包平台企业 Crowdspirit 的商业模式案例研究，从构成商业模式的因素如客户细分、价值主张、客户关系、收入来源等方面②分析了众包平台的运作。以及对众包平台类型的介绍③，指出众包平台的类型可分为提供交易场型（Marketplace，如 InnoCentive）和组织竞赛型（Competition，如 Threadless）。

（2）从企业层面对于众包模式的应用研究④。指出众包模式符合开放

① Chanal, Valérie, & Caron-fasan, Marie-Laurence, "How to invent a new business model based on crowdsoucing: the Crowdspirit ○R ○Rcase," 17*ième Conférence Internationale de Management Stratégique* (*AIMS*), Nice, juin 2008, pp. 1 - 27.

② Osterwalder A. & Pigneur, Y. Business Model Generation A handbook for visionaries, game changers and challengers, 2010.

③ Vukoviĉ, Maja, "Crowdsourcing for enterprises," 2009 *Congress on Services-IEEE Computer Society*, 2009, pp. 686 - 692.

④ Ekins, Sean & Williams, Antony J. "Reaching out to collaborators: Crowdsourcing for pharmaceutical research," *Pharmaceutical Research*, 2010, 27 (3), pp. 393 - 395; Whitla, Paul, "Crowdsourcing and Its Application in Marketing Activities", *Contemporary Management Research*, 2009, 5 (1), pp. 15 - 28.

创新思想对于企业的要求，建议企业可以将此作为资源获取的手段和方式。还有一些则是介绍众包模式在媒体出版具体行业的应用①，以及通过解析模型分析众包活动的设计策略建议②。

（3）众包中问题解决者的特征分析介绍③，根据对众包网站参与者的统计数据分析，发现只有少量参与者是活跃群体。进一步分析了任务参与者的任务选择偏好，指出参与者喜欢少量竞争和奖金多的任务。

然而这些介绍和研究只是说明了一些现象，并不能提供内在机制的解释，缺乏研究的学术性。众包模式是典型的双边市场，关键在于对众包平台的研究，需要对每方参与者的核心问题形成了解，才能有助于系统性地了解众包模式本质，促进众包交易的顺利进行。

第三节　研究思路与具体问题

对众包的研究需要遵从双边市场理论思路指导，需要对每个参与方的核心问题有所了解。众包平台活动的开展涉及三个参与方（见图 1－1）：问题解决者、任务发包方、众包平台。任何一方都是构成众包双边市场不可缺少的一部分，众包活动的顺利进行需要三方的协调配合。发包方企业承担买方角色，众包只是作为其开放创新实施的新手段，其目的是借助外部智力资源，解决企业研发创新中遇到的问题；任务参与者承担卖方角色，众包是满足兴趣爱好，并利用个人知识创造价值的机会；平台则作为卖、买双方连接的枢带，为双方交易提供场所，众包是其企业商业模式构建的基石。那么如何促进众包活动的顺利进行呢？各参与方的核心问题如下：首先，问题解决者（solver）为什么要参与到企业开放创新的众包活动中来？其次，企业作为发包方，应该如何吸引问题解决者参与到活动中来？最后，作为提供买卖双方交易场所的平台，应该如何促进众包交易的

① Walter, Thomas P. & Back, Andrea, "Crowdsourcing as a business model: an exploration of emergent textbooks harnessing the wisdom of crowds," *23rd Bled eConference eTrust: Implication for the Individual, Enterprises and Society*, 2010, June 20—23, Bled, Slovenia, pp. 555－568.

② Archak, Nikolay & Sundararajan, Arun, "Optimal design of crowdsourcing contests," *International Conference on Information Systems (ICIS)*, 2009, pp. 1－16.

③ Yang Jiang, Adamic, Lada A. & Ackerman, Mark S., (2008), "Crowdsourcing and knowledge sharing: Strategic user behavior on Taskcn". Proceedings of the 9th ACM Coroference on Electronic commorce, *ACM*, 2008: 246－255.

顺利进行？对这些问题的研究，可以形成对众包双边市场的全面和深入的理解。本书围绕这些问题展开，以下将从具体研究内容上对这些问题进行详细介绍。

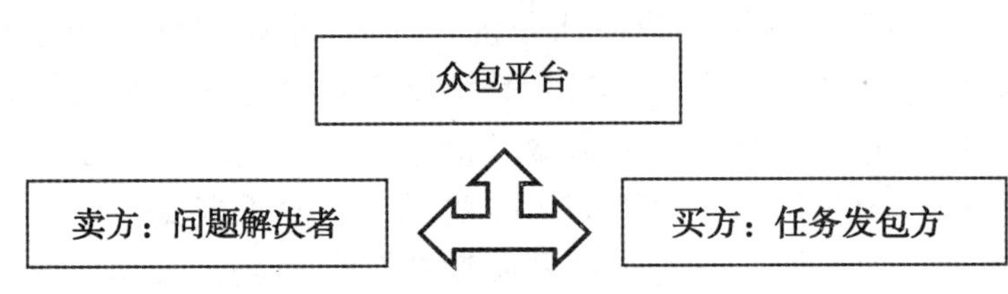

图1-1 众包双边市场的三方参与者

（1）问题解决者参与动机的研究。互联网环境下参与动机的研究较多是围绕网络虚拟社区（Online Community）中成员的行为驱动力展开，解释社区成员的不同行为差异性。虚拟社区就是一种社会集合体①（Social Aggregation），它以信息技术为载体，主要用语言进行沟通，人们可以直接根据兴趣和需要，在虚拟社区的网络空间里聚合，发展社会关系形成所谓的虚拟型社会网络②（Virtual Social Network）。虚拟社会网络的类型分类，从用户角度来说，根据其提供的服务和满足需求的差异性，可以将虚拟社会网络可以分为四种③：交易型（社区成员交流的目的是增加产品或服务知识或寻找买卖机会，如商圈网）、关系型（社区成员为了维持相互之间的关系而聚在一起）、幻想型（成员在网络环境下的交互、扮演角色以及开展社会游戏）和兴趣型（对某一话题有共同兴趣的人在网络上聚在一起）。Web 2.0 技术的发展，方便了虚拟社区成员的彼此分享与内容创造，而且成员的互动还影响着现实生活中人们的思想、文化、品牌态度以及产品购买等④。

---

① Rheingold，Howard. "*The Virtual Community*，" Reading，MA：Addison-Wesley，1993.

② Lai，L. S. L. & E. Turban. "Groups Formation and Operations in the Web 2.0 Environment and Social Networks，" *Group Decision and Negotiation*，2008，17（5），pp. 387－402.

③ Armstrong，Arthur and John Hagel Ⅲ. "The Real Value of ON-LINE Communities，" *Harvard Business Review*，1996，74（3），pp. 134—141.

④ Kim，A. J.（2000）. Community Building on the Web：Secret Strategies for Successful Online Communities. London：Addison Wesley；Ravid，G. and Rafaeli S.（2004）. "Information Overload and the Message Dynamics of Online Interaction Spaces：A Theoretical Model and Empirical Exploration，" *Information Systems Research*，Vol. 15（2）：pp. 194—210.

在不同的虚拟社区下，参与者行为动机具有差异性。动机对人们的行为影响很大（Kanfer，1990），虚拟环境下人们行为束缚条件较少，动机可以直接驱动行为，在解释网络社区环境下参与者行为时，动机的研究至关重要。虚拟社区中成员的动机大致可以分为内部（intrinsic）和外部（extrinsic）两种。在网络社区中，当活动是为了满足人们基本的能力胜任感、控制感和自主感的需求时，内部动机就会被激发。在内部动机主导下，参与者行为是根据自己个人的兴趣爱好展开，而不是将参与活动作为达到某种目的的手段①。而外部动机则是受外部环境和任务特征的影响，活动的参与是被驱动型②。比如在开源程序活动中，如果社区成员是根据自己的兴趣爱好自愿参与，则是明显的内部动机导向型。如果目的是为了得到劳酬，则是外部动机导向。Roberts，Hann 和 Slaughter（2006）③ 关于开源软件参与者的动机研究得出外部动机和内部动机呈负相关，动机存在挤出效应（Crowding-out effect）。这一结论对于吸引参与者的策略制定具有积极的指导意义。

众包的开展是在交易型和兴趣型综合平台下进行的，活动具有许多特殊之处。第一，众包中的产品是定制化的知识创意性产品。一般的技术性产品只需要掌握技术，就可以降低成本、无限制复制，如网页设计等。而创意性产品则需要创意和艺术的加工，如园林设计、logo 设计、品牌广告文案等。定制性创意产品具有一次性生产、仅供单一特定客户消费的特征。第二，多人参与，但各自独立生产产品。发包企业希望更多人关注、参与，更多稿件投标，众多问题解决者共同进行某一项任务，但彼此处于独立竞争状态。生产过程需要发包企业和问题解决者充分沟通，共同开发和完成（co-development）。第三，以问题解决者承担风险为主。传统买卖关系中，多为买家承担风险。但众包中发包企业可以得到较多的选择方案，并进行优劣对比，最终只需支付一名中标者，未被选中者自行承担风

① Deci E L. & Ryan R. M. "The 'what' and 'why' of goal pursuits: Human needs and the self-determination of behavior,". *Psych. Inquiry*, 2000, 11 (4), pp. 227—268.

② Johns, G. "*Organizational Behavior: Understanding and Managing Life at Work*," 1996, 4th ed. Harper Collins, New York.

③ Roberts, J. A., Hann, I. H., & Slaughter, S. A., "Understanding the motivations, participation and performance of open source software developer: A Longitudinal study of the apache projects," *Management Science*, 2006, 52 (7), pp. 984 - 989.

险损失。第四，最终产品涉及知识产权（intellectual property）的转移，因而具有排他性，发包企业独自享受收益。开源程序中成果是共享型的，不归某一人所独有，非商业目的约束下任何人都可以复制和传播。而众包中的方案在问题解决者中标以后，就会发生产权转移，由发包企业占有并享受产权的收益。

以上这些均是众包任务的独特之处，那么问题解决者为何要参与到企业的众包活动中？其参与动机是什么？动机之间呈现何种关系机制？而且众包中的问题解决者很多都是利用业余休息时间参与到其中的，任务具有多样化特征。因此其参与动机、开源程序、一般网络社区中的动机研究中不能提供全面解释[①]，需要进一步探索研究。对此问题的研究可以从理论上丰富和拓展网络社区参与者动机研究。同时也可以为企业了解开放创新中问题解决者的动机、制订相应的众包激励方案、以及进行客户管理工作提供有效帮助，是众包模式研究中的基础性研究问题。

（2）任务发包方发包策略的研究。众包由企业发布任务需求，众多问题解决者共同投入到任务当中竞争奖金，其组织形式类似于任务竞赛，以竞赛的形式将某项任务进行外包。然而众包作为一种新型的组织生产方式，与传统企业外包、任务竞赛有所差异。首先，不同于外包（outsource）在确定合作的供应方或设计方后，企业与合作伙伴通常是一对一的关系，而且根据合同进行买卖，双方合作的过程可以得到企业的监控。而在众包中，任务发包方与参与者是一对多的关系，在众多的方案中选取最合适的方案，然后支付奖金给中标的问题解决者，任务的过程难以得到控制。外包实质上是企业雇佣关系的延伸，而众包则是非雇佣关系。其次，不同于企业的销售竞赛[②]（sales contest），竞赛任务发布后企业最终的目的是想实现整体上销售业绩的进步，而单个销售人员的销售业绩并不是其关注的重点。而在众包中企业发布任务竞赛的目的是为最终解决问题，

---

① Hars, Alexander & Ou, Shaosong, "Working for Free? Motivations of participating in open source projects," Proceeding of the 34th Hawaii International Conference on System Sciences, 2001, pp. 1 – 9; Bonaccorsi, Andrea & Rossi, Cristina, "Altruistic individuals, selfish firms? The structure of motivation in open source software." *Working paper*, 2003; Roberts, J. A., Hann, I. H. & Slaughter, S. A., "Understanding the motivations, participation and performance of open source software developer: A Longitudinal study of the apache projects," *Management Science*, 2006, 52 (7), pp. 984 – 989.

② Kalra, A. and Mengze, S. "Designing optimal sales contests: A theoretical perspective," *Marketing Science*, 2001, 20 (2), pp. 170 – 193.

获取解决问题的办法，而中标的问题解决者方案是关键，因此核心参与者的投入程度和方案的质量是企业关注的重点。销售竞赛中关注整体的销售业绩，而众包中个体的投入绩效对于企业而言更为重要。

那么，任务发包方应该如何设计发包策略才能达到绩效的最大化呢?一方面，要吸引数量更多的问题解决者的关注和参加，保证企业可选择的多样性。另一方面，要能真正调动核心参与者的积极性，保证可选方案的质量。从众包活动的组织思路来看，是实物期权理论（real option）在众包项目管理的体现。根据期权管理，企业对于众包活动实施控制的要素主要以奖金、时间、任务类型（难易程度）为主。企业提供的奖金是在约定的时间内承诺履行的期权，最终是否实行根据问题解决者提交的方案质量来决定，每一名参与者最初得到的只是一项获奖的概率。任务的周期是期权履行的时间期限，而任务的类型是期权的标的物。因此众包是企业采用实物期权管理思路开展的任务竞赛，那么其中的奖金、时间、任务类型策略应该如何设计组合才能达到影响效果的最大化呢？众包活动管理策略的影响效果是否具有特殊性呢？这些是众包活动策略管理中的独特之处，也可以丰富期权理论和任务竞赛理论研究，同时可以为企业开放创新实施管理提供策略指导。

（3）众包平台治理机制的研究。众包中的任务交易主要是在第三方平台内进行的，众包实质上是由任务发包方和问题解决者组成的一个双边市场（Two-Sided Markets）。双边市场是指买卖双方需要通过中间层或平台进行交易，并且一方用户加入平台的收益取决于加入平台的另一方用户的数量。在双边市场上，每一方用户通过共有平台与另一方用户相互作用而获得价值[①]。Evans（2003）从实证的角度将双边市场分为：市场创造型（Market-Makers；如阿里巴巴、淘宝）、受众创造型（Audience-Makers；如腾讯、人人）、需求协调型（Demand Coordinators；如Linux开源协作平台）。双边市场的研究有两个重要问题：（1）网络外部性问题。某市场上产品的效用随着另一市场产品的需求数量而变化，反之亦然，这就是双边网络外部性。（2）多产品定价问题。平台必须为它提供的两种产品或服务同时进行定价，以吸引足够多的两方用户，避免

① Wright, J. "One-sided logic in two-sided markets," *Rev Netw Econ*, 2004 (3), pp. 42 - 63; Eisenmann, T., Parker, G, & Van Alstyne, M. (2006), "strategies for two-sided markets," *Harvard Business Review*, October.

"鸡与蛋"的两难问题①。而对于这些问题的研究，最终都是为了增加平台交易的数量，而买卖双方交易的顺利进行达成双方的目标，是吸引更多平台参与者的基础。

众包平台内的交易行为具有一定的特殊性，其中最显著的特征是交易产品是知识创意的虚拟产品，是企业开放创新中遇到问题的解决方案。知识创意虚拟产品最大的特征是产品质量缺乏严谨、客观的衡量标准，传统交易的产品质量都具有客观的物理衡量指标。而企业开放创新中遇到的问题，有可能是存在多种解决办法的，每个方案在不同情境下产生的影响效果存在差异性。因此就众包中的解决方案质量而言，衡量的标准可能是以合适性为主，难以统一衡量。而且企业研发创新中遇到的问题解决方案，很多涉及其他企业知识产权专利，因此众包平台内的产品还涉及知识产权的合法性问题。围绕此类虚拟产品，信任问题是影响交易顺利进行的关键因素。首先，问题解决者是否具备完成任务的能力，是否会按照职业操守而不侵犯其他企业的知识产权，也即问题解决者是否值得信任。其次，任务发包方是否愿意相信问题解决者，是否愿意将企业运营中的问题或任务交由不认识的参与者群体完成。

传统交易中的信任建立在交易双方长期合作的前提下，是买卖双方关系建立的结果。为进一步提升双方的长期交易绩效，有些学者倡导在双方信任的基础上引入控制机制②。但众包平台下的交易双方是处于网络环境下的松散型关系，并且一个发包方对应多个问题解决者，而且参与者进入和退出任务的门槛非常低，因此，双方信任建立的成本非常高。那么，众包平台应该如何促进交易双方信任体系的建立？应该如何利用众包平台对交易双方采取治理措施呢？这是众包平台企业发展的关键性问题，也是实现众包交易顺利进行的核心。

---

① Armstrong, M. "Competition in two-sided markets," *The RAND Journal of Economics*, 2006, 37 (3), pp. 668 – 691. Rochet, J. and Tirole J. "Platform competition in two-sided markets," *Journal of the European Economic Association*, 2003, 1 (4), pp. 990 – 1029.

② Jap, Sandy D. & Ganesan, Shankar, "Control Mechanisms and the relationship life cycle: Implications for safeguarding specific investments and developing commitment," *Journal of Marketing Resarch*, 2000, 37, pp. 227 – 245; Kazai, Gabriella, & Milic-Frayling, Natasa, "On the evaluation of the quality of relevance assessments collected through crowdsourcing," 2009, pp. 21—22, in Proceedings of SIGIR 2009 Workshop on the Future of IR Evaluation, Edited by Geva, S., Kamps, J., Peters, C., Sakai, T., Trotman, A., Voorhees, E.

综上所述，本书的研究问题可以归结为以下三个：

第一，作为卖方的问题解决者，其参与者的动机有哪些，他们为什么会参与到企业开放创新的任务中，构成参与动机的要素之间呈现何种关系机制。

第二，作为买方的任务发包企业，其策略应该如何设计，具体的奖金、时间、任务类型策略应该如何设计，针对不同类型任务，奖金和时间策略应该如何组合才能达到最佳影响效果。

第三，作为中介的众包平台，应该如何促进买卖双方交易的顺利进行，即如何促进众包交易双方信任体系的建立。

第四节　研究意义

众包作为近些年来在社会网络化背景下产生的新型组织生产方式，是企业开放创新实施的有效手段，为企业研发创新提供了宝贵的外部智力资源。通过社会网络将分散、闲置的人力资源整合起来，鼓励和引导他们参与到企业研发创新的问题当中，充分发挥问题参与者的创造力为研发创新提供多样化的思维模式和解决思路。这对于企业研发创新而言，是突破性的思维变革，可以有效削弱内部思维桎梏的负面影响。众包创造了新型的知识市场，它将人们闲散的智力资源有效地转化成生产力，满足了企业资本市场人力资源的需求。据中国电子信息产业发展研究院（CCID）研究，2010 年中国外包市场规模达 70.82 亿美元，占全球外包市场的 8.4%，年均复合增长率为 50.2%。可以看出众包市场正在快速发展，其所产生的经济和社会影响力不断上升。这些均为本书的研究必要性提供了客观需求支撑，以下将从理论意义和现实意义进一步佐证。

1. 理论上的意义

有关众包模式的重要性已经得到了国内外广大学者的一致认可，而在理论研究上存在大量空白领域有待探索①。众包作为一种全新的商业模式或价值创造（value creation）的新手段，虽然国内外主流媒体对此

① Chanal, Valérie & Caron-fasan, Marie-Laurence, "The difficulties involved in developing business models open to innovation communities: the case of crowdsourcing platform", *Management*, 2010, 13 (4), pp. 318 – 341.

有所关注和传播报道，例如国外的《商业周刊》、《纽约时报》、《经济学人》等，国内的《21 世纪经济报道》、《中国企业报》和新华网等也均有所介绍和报道。这些报道均只是从表面上，或个别企业的案例上对众包的开展方式和流程有所简单介绍，重在向大众普及众包“是什么”和“有哪些企业在应用”，呈现片段式和零散式特征，由于众包是开放式创新模式下的一个新的研究课题，目前学术上的研究缺乏系统性，已有的研究从发包方的任务竞赛安排策略①、问题解决者的任务偏好选择类型②、众包平台企业的商业模式③等分别进行了探索。而众包的开展涉及任务参与者、任务发包方、平台企业三个参与者，要形成对众包本质的深度理解，需要系统性构建每方参与者的核心研究问题。而且在社会化网络背景下，众包是企业开放商业模式和开放创新④的有效实施策略，学术上缺乏对此的研究。

众包模式中问题解决者的动机对于企业开展众包活动和众包平台企业进行客户关系管理具有影响，但是众包中的问题解决者相较开源程序、网络社区中参与者的行为具有一定差异性。众包问题解决者中很多是为了满足个人业余兴趣爱好，众包是为某个企业提供服务。对于问题解决者而言，众包既是个人兴趣爱好行为，也是一种市场交易行为，其行为动机比较复杂。开源程序问题解决者的利他动机、网络社区中成员的信息共享动机均不能提供全面解释。为此本研究从定性研究入手，通过对众包问题解决者的博客内容进行分析，构建了其行为动机概念框架，并对其动机关系机制进行了分析，这无疑是对开放创新中问题解决者行为动机研究的一个

---

① Terwiesch, Christian & Xu, Yi. “Innovation Contests, Open Innovation, and Multiagent Problem Solving,” *Management Science*, 2008, 54 (9), pp. 1529 – 1543.

② Yang, Jiang, Adamic, Lada A. & Ackerman, Mark S.. “Crowdsourcing and knowledge sharing: Strategic user behavior on Taskcn”, 2008.

③ Chanal, Valérie & Caron-fasan, Marie-Laurence, “The difficulties involved in developing business models open to innovation communities: the case of crowdsourcing platform”, *Management*, 2010, 13 (4), pp. 318 – 341.

④ Chesbrough H.. “Open Innovation: A New Paradigm for Understanding Industrial Innovation,” In H. Chesbrough, W. Vanhaverbeke and J. West, (Eds), *Open Innovation: Researching a New Paradigm*, Oxford: Oxford University Press, 2006, pp. 1 – 12.

拓展和补充。

本书对企业发包策略的研究，分别对任务发包的奖金策略、时间策略、任务类型策略进行了检验分析，并构建出了不同难易程度的任务奖金策略、时间策略的组合设计机制，是对发包策略的理论研究的拓展。众包活动的开展以任务竞赛形式展开，因此本研究也是对任务竞赛理论的拓展和丰富。对众包平台企业治理机制的研究，分析众包平台应该如何促进发包方和参与者交易的顺利进行，指明了众包平台企业的核心竞争力，这是对双边平台理论的直接补充。而且对于众包平台企业治理中第三方的控制是如何促进交易双方信任体系建立的分析，是对控制和信任理论研究边界的拓展。

2. 实践上的意义

众包模式在生活中已经得到了广泛应用，例如笔者在乘坐出租车时，发现武汉有一个命名为“的哥、的姐”的广播频道，在不断报告武汉一些道路交通拥堵情况，这些信息的提供者均是一些司机听众，该频道每天按照少量名额的抽奖形式给提供信息者进行奖励。作为活动参与者的司机，在可以获得期权中奖概率的同时，也为其他开车司机提供了有价值的路况参考信息，满足了利他的需求动机。从频道主办方的视角来看，这是典型的众包模式的应用，通过广大司机听众提供的实时路况信息，吸引更多的司机听众，从而提高频道网络外部效应（network externality）的影响力，进而吸引更多的广告商。同时通过加强与目标受众的交流互动，进一步提升目标受众的品牌忠诚度，提高自身的品牌价值。

与众包相关的企业可以分为两类：（1）采用众包模式的传统企业。众包是获取外部智力资源帮助企业研发创新的有效手段，即众包可以作为传统企业开放式创新价值链中的一个环节或部分。众包已经成为企业节省成本、整合外部资源、创造商机的有效商业模式，越来越多的企业如波音、杜邦、宝洁、高露洁都加入了利用“众包”的行列①。（2）众包的平台企业，其商业模式以众包为核心而成立的，分为提供双边交易的平台型企业

① Howe, Jeff, “The rise of crowdsourcing”, *Wired Magazine*, 2006 (14), pp. 1 –5.

（如 Innocentive、猪八戒网）和提供产品销售型企业（如 Threadless）。众包平台企业的数量越来越多，如 Freelancer. com、Elance. com、Odesk. com、Guru. com、Peopleperhour. com、ScriptLance. com、Getacoder. com、Getafreelancer. com、CGILance. com、任务中国、威客网等各有特色的国内外众包网站也相继出现。

采用众包模式将原来过去由组织内部员工执行的工作任务，以自由和自愿的形式外包给非特定的网络群体，发包企业面临的核心问题是如何吸引问题解决者的加入和提升他们的积极性。这就需要明确的策略指导，传统的奖金策略、时间策略、任务类型策略能否达到企业想要的效果？对于不同类型的任务，应该如何设计有差异性的策略方案？由于众包模式是新近发展的生产组织模式，从理论和实践上都缺乏系统的分析框架可供企业参考。

众包平台企业是无形“知识商品”的交易平台，创建了一个新的“无形商品”电子商务模式。一直以来，互联网的电子商务基本上是以买卖“有形商品”为主要内容，而众包模式是以买卖“无形商品”为核心，从而开创一个无形“知识商品”的买卖平台。然而众包平台应该如何促进买卖双方交易的顺利进行？作为“知识商品”的交易平台，众包平台应该如何构建自身的核心竞争力？由于众包平台的特殊性，双边平台理论缺乏对此的相应指导。

第五节 研究结论概述

本书对于众包模式中各参与方的研究，整体上可以得出以下三点结论：

第一，在众包中问题解决者（卖方）的动机内容研究上，本研究通过对问题解决者博客的内容分析，发现问题解决者的动机可以分为内部（intrinsic）、外部（extrinsic）和内化外部（internalized extrinsic）动机三大类。其中内部动机由兴趣爱好、自由、创新、成就感、能力胜任感、挑战自我和利他主义七个维度组成，外部动机由奖金刺激、平台和任务发包方吸引、业余时间合理使用和无条件约束四个维度组成，内化外部动机由声望需求（status）、社交、个人能力锻炼、学习和职业发展五个维度组成。通过对每种动机出现的频率进行统计分析，进一步研究发现奖金刺激、兴趣爱好和个人能力锻炼三种动机的影响作用最大。同时对于参与者三大类动机间的关系分析发现，众包中问题解决者的动机间呈现相互共生关系，彼此间可以促进强化，并没有呈现此消彼长的挤出效应。这与开源软件活动问题解决者的动机关系机制结论相反，对于任务发包方调动问题解决者的参与积极性具有指导意义。

第二，在众包中任务发包方（买方）的策略影响效果研究上，通过二手数据对于发包方策略影响效果的检验分析发现，整体上高额奖金策略只能吸引问题解决者的关注和参与，并不能提升关键问题解决者（中标者）的积极性。任务时间周期与问题解决者的关注和参与呈现倒“U”形关系，长周期总体上可以提升关键问题解决者的积极性。但是如果任务较难时，高额奖金策略和较长时间期限策略的影响作用反而是负面的。对于难度较大的任务，发包方反而应该设计低奖金额和短周期的组合策略，任务策略设计的重点在于调动问题解决者内部动机和内化的外部动机。简单任务策略设计则正好与之相反，高奖金和长周期的组合可以吸引更多的问题解决者，保证方案可选择的多样性。

第三，在众包平台方治理机制研究上，采用二手数据检验分析，本书研究发现众包平台方对于买卖双方的参与资质控制管理，可以帮助平台双边参与者信任体系的建立，从而可以提升众包活动的交易绩效。本书首先分析了众包围绕知识创意型产品交易为中心，此类产品最大的特点是评价标准难以衡量，因此买（任务发包方）、卖（问题解决者）双方交易顺利进行的纽带是信任，也即问题解决者是否值得信任，任务发包是否愿意相信。促进买卖双方交易的顺利进行，是众包平台核心价值的体现，同时也是平台治理工作的重点。由于任务发包方和问题解决者是网络环境下的参与者，彼此之间的信任建立成本较高、难度较大，因此交易双方信任体系的建立需要第三方众包平台来完成。平台方对于参与者的控制管理，可以用较少的成本促进买卖双方信任体系的建立。

第六节 研究设计

一 研究框架

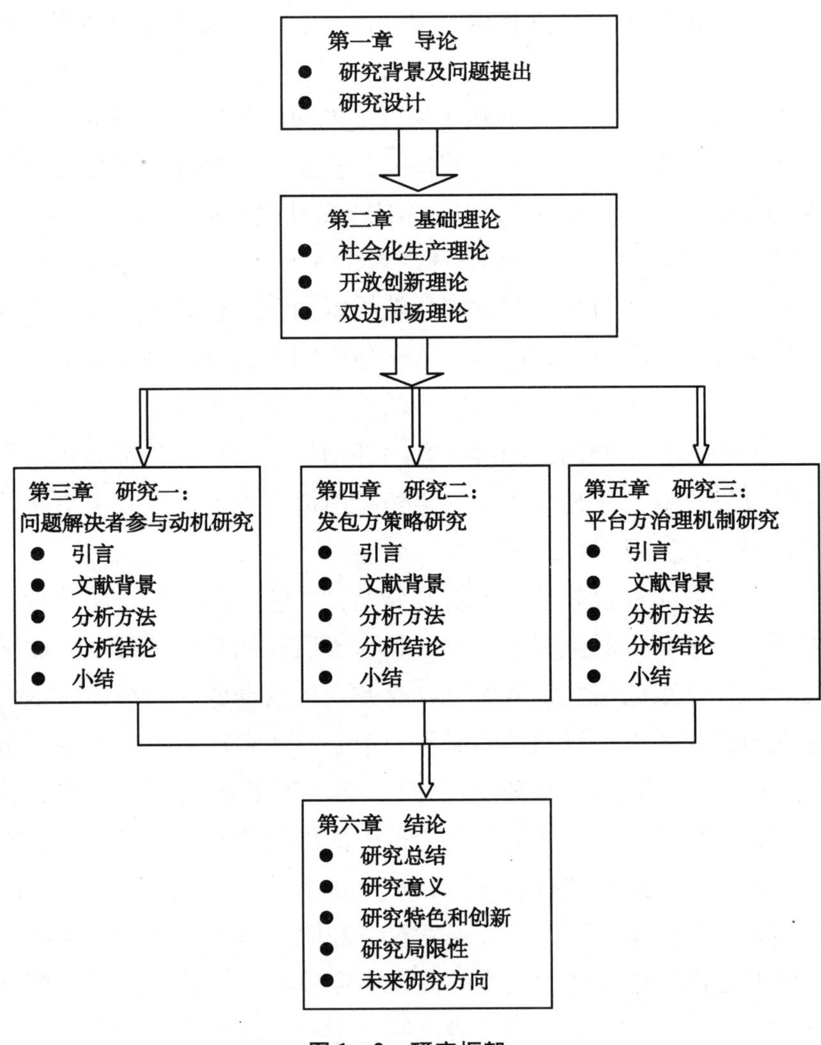

图1－2 研究框架

二　技术路线

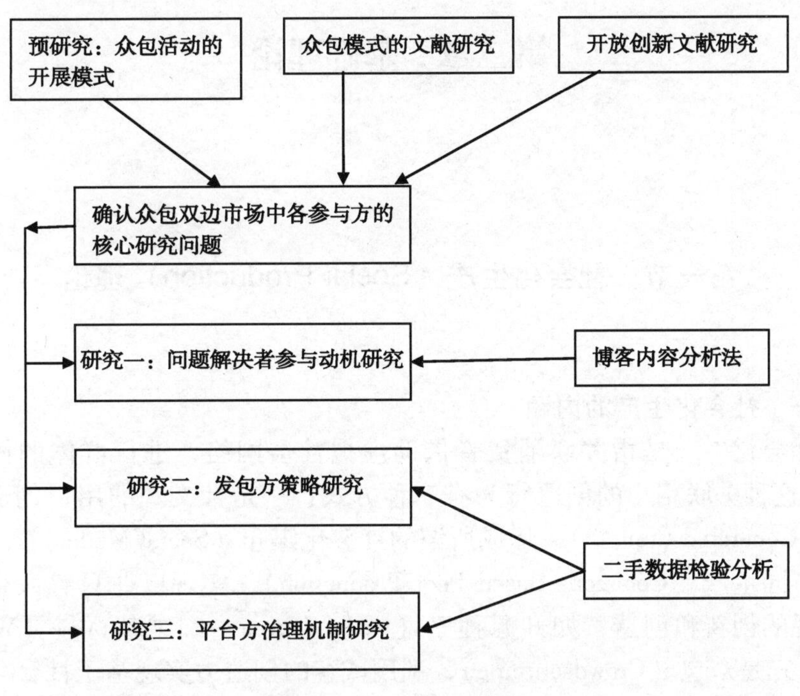

图 1－3　研究技术路线

第二章　基础理论

第一节　社会化生产（Social Production）理论

一　社会化生产的内涵

社会化生产是指关联消费者借助虚拟社会网络，进行群体的协同创造[①]。这种关联用户的创造行为有三种方式：一是社交式的用户创造内容（User Generated Content），形成所谓的社会化媒介（Social Media）；二是共享式协同生产（Commons-Based Peer Production），实现以往只有大企业才能实现的创新和创造，如开源程序（Open Source）和维基百科（Wikipedia）；三是众包（Crowdsourcing），利用威客的创造力实现基于社会化网络的协同创造。用户创造内容和共享式协同生产是一种自发的、无直接回报的社会化生产行为。

用户创造内容与社会化媒介（Social Media）。社会化媒介是 Web 2.0 技术的重要组成部分，一些网站甚至会提供网站的开源或 API（应用程序接口）支持，方便用户创作内容和转播内容（即网络口碑）。由于用户创造的内容更能引起关联用户的共鸣，比企业发起的传播策略（如广告、促销和事件营销）和专家意见更容易引起消费者的关注和信任[②]。在网络环境中，学者们可以借助以文本形式出现、可复制、可保存的网络信息，利用内容分析、扎根理论等方法来采集和分析信息。现有研究探讨了用户创

---

① Benkler, Y.. *The wealth of networks: How social production transforms markets and freedom.* New Haven and London: Yale University Press, 2006.

② Liu, Y., Word of Mouth for Movies: Its Dynamics and Impact on Box Office Revenue, *Journal of Marketing*, 2006, 70 (3), pp. 74－89.

造内容在社交媒体中的说服性作用[①]（Persuasive effect）、作为信息传播的信息性作用[②]（Informative Effect）、影响用户创造内容的因素[③]以及对企业销售收入的影响[④]、对比大众传播和口碑传播对企业销售收入的影响[⑤]以及网络口碑对企业股票市场的影响[⑥]。

共享式协同生产（Common-based Peer Production）由哈佛法学院教授Yochai Benkler提出，描述了用户之间进行协同合作完成一项任务的过程，它是一种协同生产（Peer Production，任务依赖于自我筛选的个人行为），与传统的企业生产（Firm Production，任务由企业决策主导）和市场生产（Market-based Production，价格决定任务）有着本质的不同[⑦]。从社会交换的角度看，用户之所以愿意进行共享式的协作创造，是由一种网络共生规则所驱动的，即群体内某个成员为另一个或几个成员提供利益，却不直接

---

① Godes D. and Mayzlin D.，"Using Online Conversations to Study Word of Mouth Communication，" *Marketing Science*，2004，23（4），pp. 545－560；Sweeney J. C.，Soutar G. N. & Mazzarol T.. "Factors Influencing Word of Mouth Effectiveness：Receiver Perspectives"，*European Journal of Marketing*，2008，42（3/4）pp. 344－364.

② Liu，Y.. "Word of Mouth for Movies：Its Dynamics and Impact on Box Office Revenue，" *Journal of Marketing*，2006，70（3），pp. 74－89.

③ de Matos，Celso Augusto & Vargas Rossi，Carlos Alberto. "Word-of-mouth communications in marketing：a meta-analytic review of the antecedents and moderators，" *Journal of the Academy marketing Science*，2008（36），pp. 578－596.

④ Godes D. and Mayzlin D.，"Using Online Conversations to Study Word of Mouth Communication，" *Marketing Science*，2004，23（4），pp. 545—560；Liu，Y.. "Word of Mouth for Movies：Its Dynamics and Impact on Box Office Revenue，" *Journal of Marketing*，2006，70（3），pp. 74—89；Zhu，Feng and Xiaoquan（Michael）Zhang. "Impact of Online Consumer Reviews on Sales：The Moderating Role of Product and Consumer Characteristics，" *Journal of Marketing*，2010，74（2），pp. 133－148.

⑤ Yoo，J. V. S. & Hannseen D. M.. "The Impact of Marketing-Induced vs. Word-of-Mouth Customer Acquisition on Customer Equity Growth，" *Journal of Marketing Research*，XⅣ，2008，pp. 48—59. Manchanda P，Xie Y & Youn N.. "The Role of Targeted Communication and Contagion in Product Adoption，" *Marketing Science*，2008，27（6），pp. 961－976.

⑥ Luo X. and Homburg C.. "Neglected Outcomes of Customer Satisfaction，" *Journal of Marketing*，2007，71（2），pp. 133－149.

⑦ Benkler Y. The wealth of networks：How social production transforms markets and freedom. New Haven and London：Yale University Press，2006，Benkler，Yochai；Nissenbaum，Helen. "Commons-based Peer Production and Virtue，" *The Journal of Political Philosophy*，2006，4（14），pp. 394－419. Retrieved 22 October 2011.

从受益者那里得到回报，而是从其他成员或整个群体资源平台获得收益①。

众包（Crowdsourcing），作为协同生产和市场生产的混合模式，也是基于社会化网络形成的一种新的协作生产：分布式的问题解决和生产模式，问题以公开招标的方式提供给方案解决者（称之为威客，Wiki）；用户提交方案后，众包人（Crowdsourcer）审查方案，发现最合适的解决方案，并拥有最终的方案的使用权，中标者有时会被奖励②。从企业的角度来说，众包和外包不同，众包的任务是外派给社会上的网络群体，而外包的任务是外派给某个确定的个体；众包和开源不同，众包由某客户提出，并且以个人或小组为基础来进行，开源则是通过群体中的个体自愿地创造和合作来完成任务。通过众包，企业可以获取比自己组织内部更广泛的智力资本，并快速地洞察客户需求③。

二 社会化生产的参与者动机

参与者是构成社会化生产的核心，关于社会化生产参与者的动机研究，主要集中在共享式协同生产的开源程序参与者的动机方面④。在开源程序发展过程中，参与者的动机可以被归结为内部动机或外部动机，内在动机是指满足人们的能力胜任感（competence）、控制（control）、民主（autonomy）的需求。内部动机使得开放源软件开放活动意义更加丰富，参与者们是为了自身因素，而不是将参与作为一种谋取私利的手段⑤。相反，外部动机来自于外部环境和任务本身特征的影响，将参与活动当成一

---

① Yamagishi, T., & Cook, K. S. "Generalized exchange and social dilemmas," *Social Psychology Quarterly*, 1993, 56 (4), pp. 235 – 248.

② Doan, Anhai, Ramakrishnan, Raghu; Halevy, Alon Y.. "Crowdsourcing Systems on the World-Wide Web," *Communications of the ACM*, Vol. 54. Issue 4, 2011, pp. 86 – 96; Zheng, Haichao, Dahui Li, Wenhua Hou. (2011). "Task Design, Motivation, and Participation in Crowdsourcing Contests," *International Journal of Electronic Commerce*, Vol. 15 Issue 4, pp. 57 – 88.

③ Busarovs, Aleksejs. "Crowdsourcing as user-driven innovation, new business philosophy's model," *Journal of Business Management*, 2011, Issue 4, pp. 53 – 60.

④ Roberts, J. A., Hann, I. H. & Slaughter, S. A.. "Understanding the motivations, participation and performance of open source software developer: A Longitudinal study of the apache projects," *Management Science*, 2006, 52 (7), pp. 984 – 998.

⑤ Deci, E L. & Ryan, R. M.. "The 'what' and 'why' of goal pursuits: Human needs and the self-determination of behavior," *Psych. Inquiry*, 2000, 11 (4), pp. 227 – 268.

种应用手段，不同于人们受某种动机本身的驱使[①]。享受开源程序开发过程中编码带来的乐趣很明显是受内在动机的驱使，而由于为获得报酬而参加开发活动则是受外在动机的影响。其他的动机，如为了解决个人使用程序过程中遇到的问题，为了得到使用价值（use value），还有为了提升自身的声望或得到职业晋升的机会，也应被归为外在动机。Deci 和 Ryan [②]提出，参与者可以将这些动机内化，使这些动机是受自身因素的影响，而非外部环境的驱动。根据心理学文献[③]，这些动机可以被归类为内化的外部动机（internalized extrinsic motivations）。

各种动机之间具有关联，共同影响社会化生产参与者的行为绩效。如对开源程序问题解决者的动机研究发现[④]，经济刺激的动机与声望动机（status motivation）正相关，但与用户价值的动机（use-value motivation）负相关。不同的动机对行为绩效会产生不同的影响，经济刺激和声望动机会导致问题解决者的贡献高于平均水平，而用户价值驱动的动机会使其贡献低于平均水平。为了进一步发挥社会化生产的优势，这就需要对参与者的各类动机影响效果有一定认识和了解，社会化生产参与者的内部动机和外部动机不一定相互排斥，甚至外部的声望动机诉求会增加内部动机。由于社会化生产的参与者是一些自由职业者或志愿者，不像传统的企业雇员，不可能用合同契约来对他们进行约束和管理。因此如何驱动参与者，如何引导和维持参与者的行为，是社会化生产中的重要管理问题，要结合社会化生产的具体类型来开展参与者的动机研究。

三　社会化生产下的众包

众包是社会化生产的一部分，它由一群具备一定的知识技能、同时拥有相似的兴趣爱好者聚集在一起，参与到企业或组织的问题解决，在满足

---

① Johns G.. "*Organizational Behavior: Understanding and Managing Life at Work*", 1996, 4th ed.," Harper Collins, New York.

② Deci E L. & Ryan R. M.. "The 'what' and 'why' of goal pursuits: Human needs and the self-determination of behavior," *Psych. Inquiry*, 2000, 11 (4), pp. 227 –268.

③ Deci E. L. & Ryan R. M., "The support of autonomy and the control of behavior", *Journal of Personality and Social Psychology*, 1987, 53 (6), pp. 1024 –1037.

④ Roberts J. A., Hann I. H. & Slaughter S. A.. "Understanding the motivations, participation and performance of open source software developer: A Longitudinal study of the apache projects," *Management Science*, 2006, 52 (7), pp. 984 –989.

兴趣爱好的同时可以追逐奖金报酬。众包可以帮助企业借助外部智力资源(human intelligence)，解决企业研发或生产流程中存在的困难[①]，这些问题依靠组织内部解决效率较低或成本很高。众包的产生和发展需要特定的历史、文化、技术条件，具体分析它产生的原因可归结为以下四点：

(1) 业余主义的复兴。从参与众包中的生产者角度来看，很多问题解决者是由于私人的兴趣爱好参与到众包活动当中的。由于经济的发展和生活水平的提升，可供人们自由支配的业余时间越来越多。在解决基本的生存问题之后，满足兴趣爱好是精神生活的需要。许多人从事的职业工作并不一定是自己真正喜欢的，而众包则给他们提供了发挥兴趣爱好的平台，而且还可以获得奖金激励。对于企业研发创新而言，业余爱好者复杂的知识背景、知识的交叉性反而有利于创新。众多问题解决者的业余兴趣爱好，为众包提供了群众基础。

(2) 软件共享运动。众包属于社会化生产中的一种，其生产方式仍然具有多人参与的社会化生产基本特征。而在社会化生产中，这一特征最早归于开源软件的共享式生产，由软件爱好者群体自发参与到 Linux 系统开发中，成果以开放、共享形式体现。就生产方式而言，众包是在软件共享运动的群体参与基础上发展而来的，只是软件共享运动属于协同式生产，而众包中问题解决者间是彼此竞争的关系，最终成果归发包方企业所有。

(3) 生产工具更加便利。随着个人电脑技术的发展，生产工具也发生了变革，如原来需要专业化工具完成的任务，现在可以通过个人电脑轻松完成。这一趋势降低了众包活动的参与门槛，只要拥有兴趣和具备任务完成能力的个人都可以参与到众包活动中。生产工具的变革，为众包模式的产生和发展提供了技术基础。

(4) 网络虚拟社区的兴起。虚拟社区是一种社会集合体（Social Aggregation)，它以信息技术为载体，主要用语言进行沟通，人们可以直接根据兴趣和需要，在虚拟社区的网络空间里聚合，发展社会关系形成所谓的虚拟型社会网络[②]（Virtual Social Network)。Web 2.0 技术的发展，方便了虚拟社区成员的彼此分享与内容创造，而且成员的互动还影响着现实生活

---

① Terwiesch, Christian & Xu, Yi. "Innovation Contests, Open Innovation, and Multiagent Problem Solving," *Management Science*, 2008, 54 (9), pp. 1529 - 1543.

② Lai L. S. L. & E. Turban. . "Groups Formation and Operations in the Web 2. 0 Environment and Social Networks," *Group Decision and Negotiation*, 2008, 17 (5), pp. 387 - 402.

中人们的思想、文化、品牌态度以及产品购买等[①]。网络社区为具有共同兴趣爱好者提供了聚集和交流的平台，随着社会化网络的发展，各种类型的网络社区得已成立和发展。网络社区的发展，诞生了很多平台社区类型企业，如Threadless、InnoCentive、猪八戒网等。众包中一方面，发包方具有解决问题的任务需求；另一方面，问题解决者具有兴趣爱好和闲置的智力资源，两者的整合依靠平台社区为纽带。网络社区的兴起，为众包平台企业提供了发展基础，促进了众包市场的发展。

第二节 开放创新（Open Innovation）理论

一 开放创新的基础与内涵

Web 2.0 下的企业创新。Rogers[②] 将创新定义为“个人或者机构对认为是新的理念、实践或者客体的采纳”，因此创新的核心是新事物的采纳和扩散，而且一般认为企业创新驱动有两种方式：企业方面的技术推动（Technology Push）和用户方面的市场拉动（Market Pull）[③]。Web 2.0 时代用户的关联影响着消费者决策模式和行为方式的转变，如消费者决策圈子化的社会化购物现象，以及消费者主动参与创造的社会化生产现象，这必然拉动着现有企业为了满足和适应市场社会化、网络化后的新需求和质的变化，进行自身的局部调整（如研发过程的开放式创新）和整体突破（如企业整体的商业模式创新）。开放式创新是指企业要突破自身的边界，通过加强与外部企业和用户的关联和协作，实现更有效的创新和突破[④]。商业模式创新（Business Model Innovation）是指，企业重新构建现有的商业模式，以更好地了解价值（顾客需求）、提供价值（合适产品服务）、传

① Kim, A. J. (2000). Community Building on the Web: Secret Strategies for Successful Online Communities. London: Addison Wesley. Ravid, G. and Rafaeli S.. “Information Overload and the Message Dynamics of Online Interaction Spaces: A Theoretical Model and Empirical Exploration,” *Information Systems Research*, 2004, 15 (2), pp. 194 – 210.

② Rogers, Everett. *Diffusion of Innovations*, *5th edition*, New York: Free Press, 2003.

③ Rothwell R.. “Towards the Fifth-generation Innovation Process,” *International Marketing Review*, 1994, 11 (1), pp. 7 – 31.

④ Chesbrough, H.. *Open Innovation: The new imperative for creating and profiting from technology*. Boston: Harvard Business School Press, 2003.

递价值（有效的渠道）、构建价值（合理的配置资源和组织生产）以及获取价值（合理的成本结构和有竞争力的收入来源）。

开放式创新，是相对于企业只借助内部资源进行封闭式创新而言的，它的本质在于获取和利用外部创新资源，以及整合内外创新资源。开放式创新主要有两种形式：一是由外而内（outside-in），企业利用外部技术和思想提升创新绩效；二是由内而外（inside-out），企业将创新成果投入市场，让创新产生更大的效益①。开放的结果最终将是，重新界定企业的竞争边界，以整合者（integrator）的角度而非拥有者（owner）的角度将创新市场化，并获取创新绩效。实现开放式创新的基础是与合作伙伴建立社会网络关系，Web 2.0 的社会网络化可以说为企业的开放式创新提供了很好的社会网络平台。开放式创新研究主要针对的是企业新产品研发，但是开放创新的思想本质是企业要善于利用外部资源，扩大企业资源的获取和使用边界。

二 开放创新与众包

众包是企业开放创新思想具体实施的典型代表，人力资源是企业发展中的稀缺性资源，对于企业研发创新至关重要。众包通过社会网络将全球各地分散、闲置的智力资源聚集起来为企业服务，而且与 Yahoo 和 Google 中的开放问题回答形式不同，众包的参与者专业性更强，解决的问题或方案所需的知识更复杂②。从企业采用众包模式的方式上来划分基本上可以概括为两种：企业自行组织的任务发布活动（如在企业的网站上公布悬赏任务）和通过第三方中介发布任务需求（如通过 innocentive 网站）。从目前众包活动的主要方面来看，通过第三方专业平台是众包运行的主流模式③。由于单个企业的任务需求数量有限，通过企业自身网站难以聚集数量众多的问题解决者，难以达到获取多样化知识的效果。而且这也不符合

① Chesbrough, H.. "Open Innovation: A New Paradigm for Understanding Industrial Innovation," In H. Chesbrough, W. Vanhaverbeke, and J. West, (Eds), *Open Innovation: Researching a New Paradigm*, Oxford: Oxford University Press, 2006, pp. 1 – 12.

② Yang, Jiang, Adamic, Lada A. & Ackerman, Mark S.. "Crowdsourcing and knowledge sharing: Strategic user behavior on Taskcn", Proceedings of the 9th ACM conferecce on Electronic commerce, 2008.

③ Whitla, Paul, "Crowdsourcing and Its Application in Marketing Activities," *Contemporary Management Research*, 2009, 5 (1), pp. 15 – 28.

开放创新对于外部资源整合的思路要求，第三方平台中问题解决者数量众多，可以保证企业所需要的多样化知识。从经济效益角度来看，企业利用第三方平台开展众包活动，不需要自身构建和维护平台，能以较低的成本实现企业发包的目的。因此结合开放创新的背景，本书对企业采用众包模式的研究，聚焦在企业利用第三方平台如何吸引众多参与者参加到众包活动中来。

第三节　双边市场（Two-sided Markets）理论

一　双边市场内涵

双边市场是直接区别于传统市场，它是指企业拥有不止一个具有共同特征的顾客群体，企业的盈利依赖于不同类型的客户网络之间的需求。买卖双方需要通过中间层或平台进行交易，并且一方用户加入平台的收益取决于加入平台的另一方用户的数量。比如报纸中广告商的收益取决于报纸拥有的读者群体规模，淘宝商城中卖家的收益取决于淘宝网站消费者群体的规模。平台是买卖双方交易的场所，它将具有交叉需求的双方聚集在一起[①]。一个完整的平台生态系统包括四个方面：第一个是企业建立的产品或市场的平台（platform），消费者可以通过该产品或市场平台获得更多的应用[②]；第二个则是一个相互交互、接入的通道，即消费者能够借此来完成与平台或市场利基的交互，获得产品或市场利基更多的资源；第三个则是基于平台上而衍生的模块[③]，模块可以由企业开发或产生，也可以由合作伙伴来完成，消费者拥有自由选择的权利；第四个就是活跃于平台之上，通过平台来实现交易的买方和卖方。

关于双边市场的概念缺乏统一论述，“双边平台”、“双边网络”与之

① Gawer A. . Platforms, *Markets and Innovation* (1 ed.). Cheltenham, UK: Edward Elgar Publishing Limited, 2009.

② Gawer, Annabelle and Michael A. Cusumano. “How Companies Become Platform Leaders”. *MIT Sloan Management Review*, Winter 2008.

③ Tiwana A. , Konsynski, B. & Bush, A. A. . “Platform Evolution: Coevolution of Platform Architecture, Governance and Environmental Dynamics,” *Information Systems Research*, 2010, 21 (4), pp. 675 - 687.

表达的是同一种意思。关于双边市场界定具有代表性的有以下五种：（1）根据价格变化影响的界定[①]。平台向客户 A 的定价为 P_A，向客户 B 的定价为 P_B，总价格水平为 $P = P_A + P_B$。如果平台向双方客户中的一方发生定价改变，会引发双边客户对平台总需求量和平台内交易数量的改变，此种平台市场就是“双边市场”；（2）根据平台的作用来进行界定[②]。双边市场销售的对象是中介服务，买卖双方在第三方独立运营管理的平台上进行交互所形成的市场；（3）根据双边客户对平台的依赖性界定。双边市场应该是存在两类截然不同的用户，它们需要通过公共平台才能影响对方的市场；（4）根据需求的交叉影响来进行界定[③]。当某一边客户加入平台后所获得的收益，直接受平台另一边客户参与数量的影响时，双边客户存在相互的依赖效应，此类市场即为“双边市场”；（5）根据双边客户的特性进行界定[④]。平台的双边客户类型不同，具有差异化的特征，并且双方发生的相互作用需要通过中介平台才能获得相应的价值。

通过对以上双边市场的概念进行总结，双边市场存在以下三个特征：（1）双边市场必须存在两种不同的消费者对平台上不同的内容感兴趣；（2）至少有一方消费者的主要目的是为了接近另一方的消费者；（3）对于平台企业来说，更需要促进平台中两方的互动和交流。也就是说对于平台上的双方，不仅在同一市场上存在着网络效应[⑤]，还对另一市场上的消费者存在着跨市场网络效应[⑥]。

---

① Rochet J. and Tirole J.. “Platform competition in two-sided markets,” *Journal of the European Economic Association*, 2003, 1 (4), pp. 990 – 1029.

② Roson R.. “Two-sided markets: A tentative survey,” *Review of Network Economics*, 2005, 4 (2).

③ Armstrong M.. “Competition in two-sided markets,” *The RAND Journal of Economics*, 2006, 37 (3), pp. 668 – 691.

④ Wright J. (2004). “One-sided logic in two-sided markets,” *Rev Netw Econ*, 2004 (3), pp. 42 – 63.

⑤ Eisenmann T., Parker G & Van Alstyne M. (2006), “strategies for two-sided markets,” *Harvard Business Review*, October; Landsman V. & Stremersch, S. (2011). “Multihoming in Two-Sided Markets: An Empirical Inquiry in the Video Game Console Industry,” *Journal of Marketing*, 75 (6), pp. 39 – 54; Parker, G. G., & Van Alstyne, M. W. (2005). “Two-Sided Network Effects: A Theory of Information Product Design,” *Management Science*, 51 (10), pp. 1494 – 1504.

⑥ Chen Y. & Xie J.. “Cross-market network effect with asymmetric customer loyalty: Implications for competitive advantage,” *Marketing Science*, 2007, 26 (1), pp. 152 – 166; Sridhar S., Mantrala M. K., Naik P. A. & Thorson E.. “Dynamic Marketing Budgeting for Platform Firms: Theory, Evidence and Application,” *Journal of Marketing Research*, 2011, 48 (6), pp. 929 – 940.

二　众包中的双边市场

众包是典型的双边市场理论运作模式，任务发包方企业具有解决发展中所遇问题的任务需求，问题解决者可以提供解决企业发展问题的知识和能力，同时也具有参与任务的兴趣爱好，而众包平台将双方聚集起来，提供双方交易的场所。在众包双边市场中，任务发包方企业扮演买方角色，而问题解决者则履行提供知识创意产品的卖方职能。以下将对众包双边市场中任务发包方、问题解决者和众包平台三方进行详细介绍。

众包双边市场中的买方——任务发包方。众包是买方企业在开放创新思维指导下，获取企业发展的外部资源的方式，企业对众包中问题解决者的智力资源存在需求。Web 2.0 关联技术带来社会化网络的发展，使得企业的商业模式不断创新演变，传统商业模式下，企业价值的生产和创造都是依靠企业内部资源开展的，但从资源基础和资源效率角度来看，已不适合当前发展。相对以往，社会化网络时代企业对于外部资源的获取难度变小。同时在专业化发展背景下，企业内部的职能分工不断细化，使得职能设置成本逐渐增加。基于经济性思考，企业也开始将一些内部职能转交给外部市场进行，比如将生产或设计环节进行外包，转交给专业化程度更高的组织进行①。这就要求企业以开放式的商业模式运营管理，合理地利用外部资源。互联网作为一项伟大的技术，它的开放性和自由性使得任何一个企业都有同等机会去开发和利用外部资源。

所以在开放环境下，企业对于外部资源的需求更为迫切，同时这也是对企业间综合能力强弱的检验。开放创新（Open Innovation）在此背景下应运而生，相对于企业只借助内部资源进行封闭式创新而言，它的本质在于获取和利用外部创新资源，以及整合内外创新资源②。智力资源（Human Intellengecy）是企业在研发创新中的稀缺性资源，对于任何一个企业而言研发人员的数量和员工知识都具有局限性，因此如果能有

---

① Grimpe, Christoph & Kaiser, Ulrich. "Balancing internal and external knowledge acquisition: the gains and pains from R&D outsourcing," *Journal of Management Studies*, 2010, 47 (8), pp. 1483 - 1509.

② Chesbrough H.. Open Innovation: *The new imperative for creating and profiting from technology*. Boston: Harvard Business School Press, 2003.

效整合与利用企业网络外部多元化的群体智慧，对于企业的研发而言将是突破性的模式变革。正是基于此项考虑，全球著名的宝洁公司提出“联发计划”（connnect & development），要求企业的研发工作要最大限度地利用外部智力资源。目前宝洁公司内部研发人员 9000 余人，而外围网络的研发人员数量高达 150 万人，保洁公司的外部创新比例由 15% 上升到 50%。

众包双边市场中的卖方——问题解决者（威客）。众包中问题解决者一方面通过参与众包活动满足自身的兴趣爱好；另一方面向发包方提供知识产品服务，可以获得奖金报酬。众包的问题解决者是普通消费者群体，Web 2.0 技术的发展使得他们在互联网中由原来仅仅以信息参与传播和分享，开始向注重参与生产、互动沟通升级转变，社会化网络已经改变他们的消费和生活模式。消费者借助社会化网络利用额外资源和时间，根据自己的兴趣参与协作生产（peer production），创造出以往只有企业才可以生产出的产品和服务，如通过用户之间的相互交流（user generated content，用户创造内容）而形成的新兴社会化媒介①（social media），类似于百科全书的维基百科和开放源程序的 Linux 操作系统。这些产品服务的一个共同的特点是共享式（commons-based Vs proprietary，专享式），也即任何一个用户只要遵守共同约定都可以自由使用，典型的例子是可自由开放使用的 Linux 操作系统不断侵蚀着封闭收费使用的 Windows 操作系统的市场份额，这给企业价值生产的方式带来挑战。同时也说明了消费者群体中存在着大量的智力和生产资源。但如何有效地利用这些闲散的资源，使之为企业发展提供帮助，是企业所要共同思考的问题。

众包双边市场中的平台方。由以上我们对众包双边市场中买卖双方的分析可以看出，社会中企业（发包方）和消费者群体（问题解决者）之间，存在一个两难问题，一方面，社会中闲散分布着的大量具有知识、高能力的人才愿意参与生产创造；另一方面，企业由于资源有限，迫切需求大量的人才。因此需要合理的模式将两者的需求结合起来，众包平台方正是在以上背景下应运而生的，它将社会上闲散、分布的智力资源聚集起来，以较低成本的形式为企业研发创新提供多元化的智力资源。平台方为问题解决者群体提供了发挥其知识能力的机会，为任务发包企业提供了有

① Taylor D., J. Lewin & D. Strutton. “Friends, fans and followers: Do ads work on social networks”, *Journal of Advertising Research*, 2011, 51 (1), pp. 258 – 275.

效的分布式在线解决问题和分布生产的模式。众包平台的发展取决于任务发包方和问题解决者双边的群体数量，平台方需要利用问题解决者群体（或发包方）规模的壮大，吸引发包方（或问题解决者）的加入，从而提高平台内的交易量。众包平台通过为买卖双方提供的服务，促进双方交易的顺利进行，实现众包平台的赢利。

第三章　研究一：问题解决者参与动机研究

第一节　引言

众包作为社会化生产（social production）背景下，近年来兴起的一种全新组织生产方式和商业模式，它的产生得益于 Web 2.0 技术将人们联结起来而形成的协同式生产①（peer production）。以社会网络为联结，通过发挥群体的智慧，为企业或组织提供智力资源（human intelligence resource），扩大企业员工的边界②。从众包产生的条件和其作用的发挥来看，仅由通信技术将分散的人们组织起来形成的网络群体不足以保证众包的产生，如由很多苹果忠诚消费者组成的苹果品牌社区，并不能解决苹果生产或研发中遇到的某些难题，这些社区更多的只是信息共享③。这说明了众包模式中重要的条件首先是要具有一定的专业技能和兴趣爱好，且愿意付出时间和精力参与到众包活动中的问题解决者群体④。问题解决者是众包模式存在的重要基础，企业发包方和众包平台首先需要了解问题解决者的特点，才能制定相应策略调动和激发问题解决者参与的积极性，从而实现经营目标。

在对问题解决者的研究中，参与动机是基本的研究问题和内容，因为动机对行为模式和任务绩效有着重要的影响。众包活动的基本原理是协同

---

① Benkler Y.. *The wealth of networks*: *How social production transforms markets and freedom*. New Haven and London: Yale University Press, 2006.

② Ramaswamy, Venkat & Gouillart, Francis. "Building the Co-Creative Enterprise," *Harvard Business Review*, 2010.

③ Muniz, Albert M. & O'Guinn, Thomas C.. "Brand Community," *Journal of Consumer Research*, 2001 (27), pp. 412 – 432.

④ Howe, Jeff, . "The rise of crowdsourcing", *Wired Magazine*, 2006 (14), pp. 1 – 5.

生产和市场生产的混合模式，是基于社会化网络形成的一种新的协作生产。协同生产是指群体共同参与完成某项任务，其中任务的选择依赖于自我筛选，而市场生产则是通过经济组织形式展开，价格的吸引力决定任务的选择①。协同生产的典型代表是开源程序（open source software）模式，如Linux，Mozilla Firefox，Andrio 等系统软件，其中有软件爱好者自行组织参与开发的（如 Linux），也有企业主导开发的（如 Andrio）；而市场生产的典型代表是企业雇用员工机制，企业和员工通过固定的经济合同形式约束双方的责任和义务，形成强纽带的社会关系。众包作为这两种形式的有机综合体，与两种形式分别有着共同之处，但更值得研究的是与它们的差异之处。开源程序中参与者的内部（intrinsic）动机和外部（extrinsic）动机也可以解释部分众包中问题解决者的参与动机②，然而由于两种模式有着许多不同之处，参与者的动机同样也应该具有差异之处，产生的原因具体如下：

（1）从参与行为的环境背景来看，开源软件中参与者的行为，更多的是基于黑客文化背景产生的③，主要意图是打破商业行为对技术进步的束缚，具有利他的动机，更主要的是对程序技术发展的热爱④。而众包中问题解决者的任务参与反映了业余爱好主义的兴起⑤，随着人们生活质量的提高，人们具有闲暇的时间追求自己的兴趣爱好，如没有机会从事自己喜欢的职业，可以在空余时间进行尝试。同时在互联网发展提供了聚集和沟通的平台后，问题解决者可以利用自己的闲置知识资源在满足兴趣爱好和

---

① Benkler, Yochai, Nissenbaum, Helen. "Commons-based Peer Production and Virtue," *The Journal of Political Philosophy*. 2006, 4 (14): 394 – 419. Retrieved 22 October 2011.

② Hars, Alexander & Ou Shaosong. "Working for Free? Motivations of participating in open source projects," Proceeding of the 34th Hawaii International Conference on System Sciences, 2001, pp. 1 – 9; Roberts J. A., Hann I. H. & Slaughter S. A.. "Understanding the motivations, participation and performance of open source software developer: A Longitudinal study of the apache projects," *Management Science*, 2006, 52 (7), pp. 984 – 989; Terwiesch, Christian & Xu Yi. "Innovation Contests, Open Innovation, and Multiagent Problem Solving," *Management Science*, 2008, 54 (9), pp. 1529 – 1543; Chandler D. & Kapelner A.. "Breaking monotony with meaning: Motivation in crowdsourcing markets," University of Chicago mimeo, 2010.

③ Raymond, E.. "The cathedral & the bazaar, Musing on linux and open source by an accidental revolutionary," *O'Reilly & Associates*, Sebastopolous, C. A, USA, 2001.

④ Bonaccorsi, Andrea & Rossi, Cristina. "Altruistic individuals, selfish firms? The structure of motivation in open source software." *Working paper*, 2003.

⑤ Howe, Jeff. "The rise of crowdsourcing", *Wired Magazine*, 2006 (14), pp. 1 – 5.

获得经济收益的同时，帮助解决企业发展中存在的问题。

（2）从任务的类型来看，开源软件活动中任务比较单一，只集中在计算机程序和应用系统软件开发上。因此参与者的背景类型比较固定，均为一些电脑“发烧友”，对参与动机的影响容易统一概括；而众包中的任务类型较为丰富，电脑应用程序开发只是众包模式中任务的一小种，众包任务中还包括许多企业的产品研发、市场推广方案的策划、logo 标识的设计、广告设计等①。不同的任务类别，参与者的能力、动机会存在差异②。

（3）从任务的知识产权性质上来看，开源软件中所开发的系统（如 Linux，Andrio），知识产权是公共的，可以用于复制、传播和改进，参与者是为了推动系统的完善和技术的进步③。而众包中所提交的方案中标，在问题解决者得到报酬后，方案的知识产权归任务发包方企业所有，企业具有排他性的享受知识产权收益的权利。两种产权性质有着截然不同的外部性影响，而且参与者在事先均已知道成果的产权归属，对两种行为动机的影响会存在差异。

（4）从任务完成的激励方案来看，开源软件任务完成后参与者获得的报酬多为精神层面、非物质的认可或奖励，激励方案符合黑客文化宗旨（促进信息的公开和技术进步）④。而众包中激励方案不仅包括任务中标后即可以获得经济收益，同时也可以获得社区成员中的声望、地位认可⑤，例如众包平台猪八戒网的奖励方案中威客可获多重收益。参与行为的激励回馈与动机联系密切⑥，因此在不同类型激励方案的刺激下，参与者的动机影响也有明显不同。

（5）从任务参与者的行为约束条件来看，虽然开源软件和众包模式

---

① Vukovic̑, Maja. “Crowdsourcing for enterprises,” 2009 *Congress on Services-IEEE Computer Society*, 2009, pp. 686 – 692.

② Deci E. L. . *Intrinsic Motivation*. New York: Plenum Press, 1975.

③ Bonaccorsi, Andrea & Rossi, Cristina, “Altruistic individuals, selfish firms? The structure of motivation in open source software.” *Working paper*, 2003.

④ Brabham, Daren C. “Crowdsourcing as a model for problem solving: An introduction and cases,” *Convergence: The International Journal of Research into New Media Techologies*, 2008, 14 (1), pp. 75 – 90.

⑤ Archak, Nikolay & Sundararajan, Arun. “Optimal design of crowdsourcing contests,” *International Conference on Information Systems (ICIS)*, 2009, pp. 1 – 16.

⑥ Sansone C. . “A question of competence: The effects of competence on task feedback on intrinsic interest,” *Journal of Personality Social Psychology*, 1986, 51 (5), pp. 918 – 931.

中参与者均具有一定的自主权利，但是自主的条件和程度有所差异。开源软件中的任务选择、参与完全是基于自由和兴趣爱好模式开展的，参与者可以根据自己的能力任意发挥，很少具有外部性的约束条件①；然而众包通常是为了解决企业的实际发展中某一项问题而开展的任务，需要结合企业的实际状况来展开，具有一定的行为约束性，对问题解决者的创造能力（creativity）的发挥具有一定的束缚，需要考虑到提交方案的可执行程度。在两种不同的约束条件下，参与者的行为动机具有一定的差异性。

因此虽然对开源软件参与者的动机研究较多②，但由于两种模式差异性的存在，前者是以非经济性动机参与为主导，而众包中问题解决者的动机包括经济性和非经济性两种。开源软件中的参与者动机研究不能全面解释威客的参与行为，如在开源软件的研究中发现参与者的内部动机和外部动机相互排斥，存在挤出效应③，但众包的问题解决者参与动机是否存在同样机制，对此缺乏相应的研究。

综上分析，众包中问题解决者的参与动机具有特殊性，动机对行为模式有着重要的影响④，因此需要对众包中问题解决者的参与动机进行深入系统的研究。同时就众包模式而言，问题解决者的参与动机是根本性的影

---

① Bonaccorsi, Andrea, & Rossi, Cristina. "Comparing motivations of individual programmers and firms to take part in the open source movement: From community to business," *Knowledge, Technology & Policy*, 2006, 18 (4), pp. 40 – 64.

② Hars, Alexander & Ou Shaosong. "Working for Free? Motivations of participating in open source projects," Proceeding of the 34th Hawaii International Conference on System Sciences, 2001, pp. 1 – 9. Bonaccorsi, Andrea & Rossi, Cristina (2006), "Comparing motivations of individual programmers and firms to take part in the open source movement: From community to business," *Knowledge, Technology, & Policy*, 2006, 18 (4), pp. 40 – 64; Roberts, J. A., Hann I. H. & Slaughter S. A.. "Understanding the motivations, participation and performance of open source software developer: A Longitudinal study of the apache projects," *Management Science*, 2006, 52 (7), pp. 984 – 989; Lindman, Juho, Juutilainen, Juha-Pekka & Rossi, Matti. "Beyond the Business Model: Incentive for Organizations to Publish Software Source Code," *International Federation for Information Processing*, 2009, pp. 47 – 56.

③ Osterloh M. & Frey B. S.. "Motivation, knowledge transfer, and organizational forms," *Organization Science*, 2000, 11 (5), pp. 538 – 550; Roberts J. A., Hann I. H. & Slaughter S. A.. "Understanding the motivations, participation and performance of open source software developer: A Longitudinal study of the apache projects," *Management Science*, 2006, 52 (7), pp. 984 – 989.

④ Deci E. L.. *Intrinsic Motivation.* New York: Plenum Press, 1975.

响因素，只有在了解其参与动机之后，任务发包方才能根据其行为特点制定相应的发包策略和激励方案，以提高问题解决者的参与积极性和最终方案的质量，平台方才能制订更好的服务方案，吸引更多的问题解决者参与，达到跨外部性的影响效果（cross network externality），同时改进平台双边市场的治理机制①。因此本书在对问题解决者的参与动机研究中将关注以下三个方面问题：

（1）问题解决者的参与动机有哪些？根据组织和社会心理学的研究，动机可以分为内部动机和外部动机②，而应用在对问题解决者参与动机的分析中，具体表现在什么方面？是否还有其他的动机？众包中问题解决者的动机与开源软件、一般的虚拟社区有何不同？这些是对问题解决者动机的研究中首先拟回答的基本问题。

（2）问题解决者的各种动机间的关系是怎么样的？已有开源软件的研究指出参与者的动机存在挤出效应③，这对于指导激励方案设计具有重要意义。同样众包中问题解决者的参与动机之间关系机制如何？对于发包方企业和众包平台设计报酬方案具有重要参考价值，这也是本研究拟回答的第二个问题。

（3）问题解决者的参与动机对行为绩效有何影响？动机的影响表现最终需要反映在行为绩效上，对于问题解决者而言各种参与动机是如何影响到其参与频率和工作投入的？这是本研究需要回答的最后一个问题。

---

① Eisenmann T.，Parker G & Van Alstyne，M.．“strategies for two-sided markets，” *Harvard Business Review*，2006.

② Campbell J. P. & Pritchard R. D.．“Motivation theory in industrial and organizational psychology，” M. D. Dunnette，ed. *Handbook of Industrial and Organizational Psychology*. Chicago，IL：Rand McNally，1976，pp. 63 – 130；Deci E. L. & Ryan R. M.．“The support of autonomy and the control of behavior，” *J. Personality Soc. Psych.*，1987，53（6），pp. 1024 – 1037.

③ Osterloh M. & Frey B. S.．“Motivation，knowledge transfer，and organizational forms，” *Organization Science*，2000，11（5），pp. 538 – 550；Roberts，J. A.，Hann I. H. & Slaughter S. A.；“Understanding the motivations，participation and performance of open source software developer：A Longitudinal study of the apache projects，” *Management Science*，2006，52（7），pp. 984 – 989.

第二节 理论背景

一 动机理论

动机是引起个体活动，维持并促使其活动朝向某一目标进行的内部动力，是为实现一定目的而行动的原因[①]。动机是个体的内在过程，而行为是这种内在过程的外在表现。它着重解释人们为什么（why）要参与某项活动，而不是用来说明活动是什么（what）或如何进行。但动机具有引发、指引和激励的功能，首先，它是活动的原动力，对活动起着始动作用；其次，它使活动朝着预定的目标前进；最后，动机对活动具有维持和加强作用，强化活动以达到目的。引起动机的产生需要一定的条件，一些学者的研究集中在动机的来源（source of motivations）方面，分析什么因素导致人们动机的产生。Maslow（1987）认为五种不同层次的需要（needs）构成人们的行为动机，从最基本的生理需求到最高层次的自我实现分别为生理的需要、安全的需要、归属和关爱的需要、尊重的需要和自我实现的需要。这些需要可以概括为心理的、社会的不同层面，用于解释人们的参与行为。以此为基础，动机具有多种划分方法，如生理性动机和社会性动机、原始动机和习得动机等。与本书研究主题相关，许多开源软件的研究学者对动机的划分通常是根据动机的来源进行的[②]，他们将参与者的动机划分为内部（intrinsic）动机、外部（extrinsic）动机和内化的外部动机（internalized extrinsic motivations）三种类型，以下将进行分别介绍。

内部动机。内部动机受能力胜任感（competence）、自控感（control）、自主性（autonomy）等的影响[③]，当参与者受这些基本需要影响时，内部动机便会被激发出来。能力胜任感是指参与者是否具备完成活动所需的技

---

① Maslow A. H. *Motivation and personality*. 3rd. ed, New York（Haper），1987.

② Hars, Alexander & Ou Shaosong, "Working for Free? Motivations of participating in open source projects," Proceeding of the 34th Hawaii International Conference on System Sciences, 2001, pp. 1 – 9; Roberts J. A., Hann I. H. & Slaughter S. A.. "Understanding the motivations, participation and performance of open source software developer: A Longitudinal study of the apache projects," *Management Science*, 2006, 52（7）, pp. 984 – 989.

③ Deci E. L. 1975. *Intrinsic Motivation*. New York: Plenum Press.

术和能力；自控感是指参与者对活动过程的掌控感；而自主性则是指参与者对活动内容具有自主决定权。这些内部动机使得活动更加有意义，参与者是完全基于自身兴趣爱好进行的，而不是将活动当成达到某种目的的工具和手段①。相对于企业内部主导的生产方式，在开源软件和众包模式中，参与者有更多的机会表达自身创意、享受工作和体验成就满足感，内部动机容易得到实现②。因为任务活动本身就是以自主和能力为基础进行设计的，以自由发挥参与者的各自能力为主导，属于激励型任务，具有复杂性和创造性的特点，难以观察和监控③。在传统的公司雇佣关系下，雇主有权制定各种规章和制度，采用合同条款的形式确定雇员的工作环境和工作任务。例如软件系统的开发，如果是以企业组织的形式开展的话，开发者就会较少享有自由，不能根据自己的意愿决定工作的内容，随意开发自己喜欢形式的代码，参与者的自主、成就感和控制感就会受到影响。

出于兴趣和爱好参与到任务当中，参与者希望享受任务参与过程，体验满意感和成就感④，因此满足参与者的内部动机需求是开源软件和众包模式中均需考虑的首要问题。相比而言，众包模式中的任务类型较多，包括程序设计、网站开发、广告设计、logo 设计、策划等各种类型任务，但这些均属于知识创意型服务产品（knowledge-based product），质量的好坏难以直接地进行检验。对于提供知识创意型服务产品而言，需要更强的参与动机保证参与者的努力投入程度（effort）。问题解决者是具有某方面的特长和兴趣爱好者，愿意利用自己的知识参与到喜欢的活动当中，通常较多的是利用自己工作之余的时间参加任务活动。活动结果产生的成就感对问题解决者非常重要，如 InnoCentive 平台中有些问题解决者虽然从事普通

---

① Deci E L. & Ryan R. M.. "The 'what' and 'why' of goal pursuits: Human needs and the self-determination of behavior," *Psych. Inquiry*, 2000, 11 (4), pp. 227 – 268.

② Lakhani K. & Wolf B.. "Why hackers do what they do: Understanding motivation and effeort in free/open source software projects," J. Feller, B. Fitzgerald, S. Hissam, K. Lakhani, eds. *Perspectives on Free and Open Source Software.* Boston, MA: MIT Press, 2005.

③ Kirsch L. J.. "The management of complex tasks in organizations: Controlling the systems development process," *Organization Science*, 1996, 7 (1), pp. 1 – 21; Weinberg G.. *The Psychology of Computer Programming.* Silver Anniversary Edition, (1st ed) New York: Van Nostrand Reinhold, 1998.

④ Lakhani K. & Wolf B.. "Why hackers do what they do: Understanding motivation and effeort in free/open source software projects," J. Feller, B. Fitzgerald, S. Hissam, K. Lakhani, eds. *Perspectives on Free and Open Source Software.* Boston, MA: MIT Press, 2005.

职业，但出于对化学、生物的热爱参与到某些医药公司发布的活动任务当中，就是为了得到任务完成所带来的满足感[①]。同时活动的过程控制感和自主权也比较重要，如有些设计师在单位工作中需要遵守各项规则约束，没有自主决定权和过程控制感，影响其创意才能的发挥。而参与到众包活动中，则相对可以不受这些约束，虽然最终有可能不能中标，但过程中享受到的控制感和自主感是激励他们参与活动的动力之一。

外部动机。外部动机来源于环境和任务特点的吸引，参与者不是出于对活动本身的兴趣[②]。如在开源软件项目中，享受编写代码带来的乐趣属于内部性动机，而为了得到报酬则属于外部性动机。外部性动机与条件性操作理论（operant conditioning literature）相关[③]，外部的刺激可以强化人们的参与行为。外部性动机是为了得到回报而参与到活动当中，按绩效给付报酬是外部性刺激的理想形式[④]。金钱的报酬是外部性动机最典型的代表[⑤]，如问题解决者参与某项任务中标后，发包方需要一定的经济报酬作为回报。除了经济报酬外，外部性动机还可以表现为个人资本（human capital）建立和自我营销（self-marketing）实现。从经济学角度来看，个人资本表现为技巧、能力和知识等，通过学习、训练、实践等可以提升个人资本，从而在劳动力市场上获得较多的职业发展机会（career opportunity）。在众包任务的参与和完成过程中，问题解决者可以通过锻炼，提升个人能力和个人资本。同时问题解决者在任务参与过程中展现出来的技术和能力，也是向职业市场传递的价值信号，类似于个人广告起到的传播效果，可以帮助问题解决者实现自我营销，提升个人今后的职业发展空间。这些外部动机对问题解决者持续参与众包活动具有显著影响，由于众包中奖金只支付给最后中标者，参与并不能保证一定得到经济奖励，因此个人资本动机和自我营销动机对于问题解决者的参与行为有着重要影响。

内化的外部动机。内化的外部动机是以上两种动机的有机综合，表现为

① Howe，Jeff，"The rise of crowdsourcing"，*Wired Magazine*，2006（14），pp. 1－5.

② Johns G. *Organizational Behavior*：*Understanding and Managing Life at Work*，4th ed.，New York：HarperCollins，1996.

③ Skinner B. F.. *Science and Human*，New York：Macmillan，1953.

④ Osterloh M. & Frey B. S.. "Motivation，knowledge transfer，and organizational forms，" *Organization Science*，2000，11（5），pp. 538－550.

⑤ Calder B. & Staw B.. "The self-perception of intrinsic and extrinsic motivation，" *Journal of Personality and Social Psychology*，1975，31（4），pp. 599－605.

追求使用价值（use value）和声望（status）。使用价值是当参与者自身遇到某方面困难需要解决时，通过参与活动解决此问题，如电脑迷遇到程序漏洞（bug）需要完善时，参与到开源软件活动中来解决；声望则是追求群体成员的认同（peer recognition），出自于各个名声和自尊的需要①。从使用价值和声望的定义来看，参与者均是为了参与活动带来结果收益，而不是在于活动本身，属于明显的外部性动机。但是 Deci 和 Ryan 研究指出，参与者可以将这些外部动机内化（internalize），使得这些动机是出自于参与者自我调节（self-regulated）的，而非外部因素强加的。将外部刺激内化可以通过两种方式：内摄自律和认同调节②。内摄自律是指个体采取行动将外部的刺激转化成为内需，为了提升自我（ego）和感知行动的合理性，声望动机是内摄自律的表现形式，如开源软件中的参与者和众包中的问题解决者为了提升自己在社区（community）中的地位和影响力，积极参与到活动当中。认同调节是为了加强自己对活动的自主决定能力，同时个体认同了活动的价值以及对自己的重要意义，使用价值是认同调节的具体表现，参与者一方面可以控制整个活动过程；另一方面可以得到活动参与结果的帮助。

二 激励理论（Incentive Theory）

动机理论与激励理论两者联系密切，动机理论揭示人们为什么要参与某些活动，而激励理论在此基础之上则进一步说明如何调动和激发参与者的积极性。引起动机的内在条件是需要，引起动机的外在条件是诱因，发包方企业、平台的各种激励方案是促使问题解决者参与的外在诱因。根据激励理论对参与行为的回馈（feedback），强化人们行为的有效途径，可以有效提升参与者的内部动机③。行为主义激励学派提倡用肯定、表扬、奖赏或否定、批评、惩罚等强化手段改变或固定人们的行为，而认知激励学派倡导通过思想意识、兴趣、价值和需要推进人们的行为。从众包平台和

① Maslow A. H. *Motivation and personality*, 3rd. ed, 1987, New York (Haper). Deci, E L. & Ryan R. M.. "The 'what' and 'why' of goal pursuits: Human needs and the self-determination of behavior," *Psych. Inquiry*, 2000, 11 (4), pp. 227 – 268.

② Deci E L. & Ryan R. M.. "The 'what' and 'why' of goal pursuits: Human needs and the self-determination of behavior," *Psych. Inquiry*, 2000, 11 (4), pp. 227 – 268.

③ Sansone C.. "A question of competence: The effects of competence on task feedback on intrinsic interest," *Journal of Personality Social Psychology*, 1986, 51 (5), pp. 918 – 931.

任务发包方对于问题解决者的激励方案来看，问题解决者所获得的激励方案是双重的，任务发包方提供奖金直接从行为上对其参与进行奖赏，而平台则通过构建社区为其提供归属感和选择感兴趣任务的场所，同时通过等级形式可以使之获得群体成员的认可。从激励方案的分类可以看出，发包方为问题解决者提供的是针对外部动机的物质性激励，平台方为问题解决者提供的是针对内部动机的精神性激励，从激励理论的角度可以深入了解问题解决者的参与动机。

第三节　研究方法

一　内容分析法

研究方法考虑的因素。根据现有的资料收集整理发现，众包模式仍是一个国内外较新的学术研究问题①，较多研究是对众包模式的普及介绍，目前学术界仍然缺乏系统、深入的研究。就问题解决者的参与动机问题而言，可以参考的资料多为开源软件中参与者的动机分析②。然而如本研究前面所述，众包中问题解决者的行为动机内容和构成的关系机制与前者有很大的差异性，因此有必要更加深入、系统地了解其参与动机。探索性研

① Howe, Jeff, "The rise of crowdsourcing", *Wired Magazine*, 2006 (14), pp. 1 – 5; Yang, Jiang, Adamic, Lada A., & Ackerman, Mark S., "Crowdsourcing and knowledge sharing: Strategic user behavior on Taskcn," Proceedings of the 9th ACM conference on Electonic commerce. Brabham, Daren C., "Crowdsourcing as a model for problem solving: An introduction and cases," *Convergence: The International Journal of Research into New Media Techologies*, 2008, 14 (1), pp. 75 – 90; Whitla, Paul, "Crowdsourcing and Its Application in Marketing Activities", *Contemporary Management Research*, 2009, 5 (1), pp. 15 – 28. Chanal, Valérie, & Caron-fasan, Marie-Laurence, "The difficulties involved in developing business models open to innovation communities: the case of crowdsourcing platform," *Management*, 2010, 13 (4), pp. 318 – 341.

② Hars, Alexander & Ou, Shaosong, "Working for Free? Motivations of participating in open source projects," Proceeding of the 34th Hawaii International Conference on System Sciences, 2001, pp. 1 – 9. Bonaccorsi, Andrea, & Rossi, Cristina. "Altruistic individuals, selfish firms? The structure of motivation in open source software." *Working paper*. Roberts, J. A., Hann, I. H., & Slaughter, S. A., "Understanding the motivations, participation and performance of open source software developer: A Longitudinal study of the apache projects," *Management Science*, 2006, 52 (7), pp. 984 – 989.

究是针对内在逻辑机制，形成对研究问题深入理解的合适方法①。考虑到目前对众包问题解决者参与动机的研究较少，为此本研究首先进行了关于其参与动机的定性研究。

另外，众包模式的快速发展为本研究提供了便利素材。Web 2.0 技术提供的关联技术使得社会化生产模式得到快速发展②，众包在此背景下也发展迅速，主要表现为三个方面：（1）许多企业在进行价值流程创新，将价值生产环节（value creation）进行外包③，众包模式被许多企业所采纳和运用，为研究发包方的激励策略对问题解决者动机的影响提供了真实的素材；（2）越来越多的网民参与众包并成为威客（问题解决者），许多博客记录了他们的参与成长历程、成功经验和参与动机，为问题解决者参与动机的研究提供了丰富素材；（3）很多不同类型的国内外众包网站兴起，如 innocentive，task. cn，threadless，猪八戒网等，为研究众包平台激励策略对问题解决者行为的影响提供了良好的场所，同时这些众包社区为问题解决者样本的选择提供了便利。以上这些便利条件为质性研究问题解决者参与动机提供了客观真实的素材保障。

研究方法选择。本研究拟从一些众包平台上选择问题解决者的博客素材，从中归纳出其参与动机。归纳法是从个别出发以达到一般性，从一系列特定的观察中，发现一种模式，在一定程度上代表所有的事件规律④。应用归纳法对二手数据分析通常是以非介入性方法（unobtrusive measures）的形式展开，也即研究人员不需要与研究对象进行直接正面的接触沟通（如焦点小组访谈、头脑风暴法等均需与研究对象介入沟通），可以在不影响研究对象的情况下进行研究。非介入性研究有三种比较具有代表性的方法：内容分析法（content analysis）、统计资料分析法以及历史/比较研究法，结合本研究的需要我们选取了内容分析法作为本研究的指导方法。内容分析法是对记载下来的人类传播媒介的研究，包括书籍、网站、绘画和

① Glaser B G and Strauss L A, *The Discovery of Grounded Theory: Strategies for Qualitative Research*, New York: Alpine de Gruyter, 1999. Zaltman G, Le Masters K and Heffring M, "Theory Construction in Marketing: Some Thoughts on Thinking", New York: Wile, 1982.

② Benkler, Y.. The wealth of networks: How social production transforms markets and freedom. New Haven and London: Yale University Press, 2006.

③ Vukoviĉ, Maja, . "Crowdsourcing for enterprises," *Congress on Services-IEEE Computer Society*, 2009, pp. 686 – 692.

④ ［美］艾尔·巴比：《社会研究方法》，华夏出版社 2009 年版。

法律等①。

内容分析法本质上是一种编码（coding），需要将资料转变成标准化形式，以便于资料的处理和分析。编码是按照某种概念框架下进行的，包含着概念化和操作化逻辑。编码的内容包括显性内容（manifest content）和隐性内容（latent content），显性内容是可见的、表面的接近于标准化的，而隐性内容则是深层次的需要系统深入解读的。编码的过程中对研究人员具有挑战性的也是在隐性内容的编码上。采用内容分析法具有以下优点：（1）经济性，可以从时间和金钱两个方面节省成本，只需要能够接触研究资料并加以编码；（2）安全性，相对于实验法或调查失败的风险，内容分析中编码失败可以重新纠正再编码；（3）时间延续性，可以研究一段时间内发生的事情；（4）非介入性，避免在与研究对象的交互过程中受到干扰，可以保证客观性。从研究的信度和效度而言，内容分析法最大的缺点在于研究结论的效度，信度可以通过编码、再编码甚至三编码从而确定编码的一致性。而效度问题则受研究人员自身因素的影响，需要一定的研究经验积累。本研究借助内容分析法，在理论抽样的基础上，通过开放编码、主轴编码和选择编码等方法来构建出问题解决者的参与动机理论模型②。

二　数据来源

众包的模式已经在全球范围内兴起了，对于问题解决者参与动机的研究应充分考虑跨文化的差异性，提高研究结论的普适性和代表性。同时互联网环境为跨国度样本的选取提供了便利。我们采用内容分析法，对众包平台网站上参与过任务、有中标记录的问题解决者的博客内容进行分析。这些均是问题解决者以自愿的形式将其背景信息、成功经验、参与动机与社区内其他成员进行共享。之所以采用网上博客内容作为研究材料和数据来源，主要基于以下因素考虑：第一，大量众包网站中问题解决者博客的存在，为其行为动机的研究提供了丰富素材；第二，在网络背景下，人们之间的社会关系较弱，同时由于互联网的开放性，使得问题解决者没必要隐藏自己的真实想法，博客内容所得到的数据质量较高；第三，众包平台

① ［美］艾尔·巴比：《社会研究方法》，华夏出版社2009年版。

② 黄敏学、李小玲、朱华伟：《企业被“逼捐”现象的剖析：是大众“无理”还是企业“无良”》，《管理世界》2008年第10期。

社区中的问题解决者数量较多，背景差异性较大，相较于访谈法可以保证研究对象的涵盖面；第四，由于博客数据内容具有可记录性和可分析性的优点，便于对研究数据的全面和重复探索。在对问题解决者参与动机的研究中，以上这些因素是采用博客内容分析法的特有优势，而且符合研究主题的方法要求。

理论抽样样本的考虑因素。在研究对象的选取上，本研究选取了国内和国外问题解决者的博客样本，以提高样本的多样性，保证研究结论的外部信度问题。由于众包的平台网站数量和类型较多，在数据源的选取上本研究遵循以下标准：（1）网站的影响力要大，可以保证问题解决者的参与数量较多，所得结论代表性较高；（2）网站的任务类型要多，可以避免固定任务类型导致的对参与动机的影响，如 Threadless 只针对 T 衫设计，参与的问题解决者类型单一；（3）网站发展时间要长，可以避免因为平台网站的某次促销因素对行为动机产生情境性影响。根据这些标准，我们从 Crowdspirit，Amazon Turk，Threadless，Iphotostock，InnoCentive，task. cn，猪八戒等横跨欧洲、中国、美国的众多网站平台中选取了 InnoCentive 和猪八戒网两个具有代表性的网站。其中 InnoCentive 是美国最著名的众包网站，其所服务的企业包括杜邦、宝洁、IBM、辉瑞制药等世界 500 强的大型跨国企业，同时也包括非营利组织和政府公共部门，所解决的问题包括企业研发中的技术难题、市场推广方案、标识设计以及公共发展问题的方案建议等。InnoCentive 网站的问题解决者会员高达 14 万，遍布全球各个国家和地区，文化水平也涵盖各阶层；猪八戒网是我国目前最大的众包网站，其会员威客数量已经多达 500 万人，年营业额超过了 5 亿元，网站中的任务类型包含设计、市场推广和应用开发。这两个网站具有高度的代表性，同时为了排除外界因素对数据质量的干扰，我们随机各选取了 InnoCentive 和猪八戒网中的 20 名问题解决者已发布的博客内容作为数据来源。

进一步而言，这两个网站各有特点，InnoCentive 以解决大、中型企业研发中面临的一些难题为主，由于企业内部员工知识的局限性，通常内部研发人员不能够很好地解决问题，任务偏向知识原理性（knowledge-based task）；而猪八戒网主要解决中、小型企业日常经营中的一些事务性需求，企业内部通常不具备这方面的职能或职员，任务以创意应用性（creative-base task）为主。两个网站的共同特点是，问题解决者均是以提供智力资源服务（human intelligence）为主。从任务类型上，两个网站既可以形成互补，同时也有着众包模式的共同点，从网站的问题解决者会员数量而言可以保证样本的多样性。

理论抽样样本的选取过程。为了避免研究者主观因素对研究样本的选择影响，我们随机在这两个网站上各选取了 20 个样本，以随机选中的样本相近的前 10 名、后 9 名为选取原则。样本中的问题解决者均是这些网站上具有代表性的成功会员。其中 InnoCentive 网站上的样本选自于其中的 “Solver blog” 这一板块（http：//blog. innocentive. com/category/solver-profiles/，solver 即威客）；猪八戒网上选自其威客社区 “猪圈” 模块中的 “威客人生”（http：//quan. zhubajie. com/q4859 – 858 – default. html）。

三　博客内容分析与开放编码

首先我们对所选样本的博客内容进行了整理，抓取问题解决者的姓名、国籍、性别、职业、教育程度和成为威客的起始时间的人口统计变量基本信息，具体样本信息见下表 3 – 1。

表 3 – 1　　问题解决者动机研究样本基本统计信息

编号	姓名	国籍	性别	成为威客的时间和中标次数	教育程度	职业
1	Daniel Castro	美国	男	2008 年，1 次成功中标	硕士，信息安全	高级分析师，华盛顿州智囊团的信息安全方面
2	Garima Kaul	印度	女	2009 年，2 次成功中标	博士，药剂研发	自由作家，医药制药行业
3	John Lucas	英国	男	2009 年，2 次成功中标	博士，分子生物学	首席执行官，Cizzle Biotech 公司
4	Jose Luis Susa Rincon	哥伦比亚	男	2008 年，1 次成功中标	硕士，工程学	电子工程师，人工机械智能领域
5	Mario Alejandro Rosato	阿根廷	男	2009 年，1 次成功中标	本科，电子与环境工程学	工程师，可持续能源开发领域

续表

编号	姓名	国籍	性别	成为威客的时间和中标次数	教育程度	职业
6	Adrian Perez	洪都拉斯	男	2009 年，1 次成功中标	本科，艺术与设计	环境发展规划师，废弃材料处理
7	Corinne Le Buhan	法国	女	—，1 次成功中标	硕士，电气工程学	咨询师，企业技术发展战略规划方面
8	Ivan Skachko	俄罗斯	男	2009 年，1 次成功中标	博士，物理学	物理学家，凝聚物质分析
9	Patrick Fuller	美国	男	2009 年，1 次成功中标	在读博士生，生物工程	学生，应用技术设计与改进
10	Samuel Peña-Llopis	西班牙	男	2010 年，1 次成功中标	博士，生物化学	助教，犹他州西南医疗中心
11	Horace Lee	中国，香港	男	2010 年，1 次成功中标	硕士，神经学	助理研究员，香港大学病毒免疫研究中心
12	Yury Bodrov	俄罗斯	男	2009 年，1 次成功中标	博士，生物学	合成材料研究员，化学动力和物理化学
13	Chris Wilmer	加拿大	男	2009 年，2 次成功中标	博士，化学和生物工程	研究员，计算机模拟分子仿真研究
14	Andrew Deonarine	加拿大	男	2010 年，1 次成功中标	硕士，生物化学	研究员，公共疾病防预中心
15	Abshar Rashid	巴基斯坦	男	2010 年，1 次中标	在读硕士，MBA	软件工程师
16	Fred Davis	—	男	2009 年，1 次中标	—，药剂和生物物理学	计算生物学家
17	Ahmet Karabulut	美国	男	2008 年，2 次中标	博士，生物化学	科学家，分子生物学和分子遗传方面
18	Sandip Bharate	印度	男	2007 年，3 次中标	博士后，药物化学	药剂师
19	Giorgia Sgargetta	意大利	女	2008 年，1 次中标	博士，化学	研发人员，农药化学品生产企业

续表

编号	姓名	国籍	性别	成为威客的时间和中标次数	教育程度	职业
20	Adrienne Peirce	美国	女	2008 年，1 次中标	硕士，MBA	咨询师，商业发展战略
21	邪恶的猫	中国，天津	男	2010 年，34 次中标	本科，	网络设计师
22	zzxr110zzxr	中国，郑州	男	2011 年，60 次中标	专科，园林设计	大二年级，在校学生
23	阿杰设计工作室	中国，沈阳	男	2009 年，34 次中标	本科，美术	设计师，鲁迅学院艺术工程总公司
24	ljh520lyn	中国，西安	男	2011 年，57 次中标	本科，旅游管理专业	自主创业
25	柴新庆	中国，济南	男	2011 年，—	小学	销售员
26	Feiyi2008	中国，深圳	男	2011 年，43 次中标	专科，经济与管理专业	VI 设计师，全职威客
27	燕飞来	中国，长春	女	2011 年，130 次中标	本科，服装设计	全职太太
28	4228	中国，武汉	男	2010 年，191 次中标	本科	方案策划师
29	小丽工作室	中国，焦作	女	2010 年，9 次中标	大专	广告设计
30	YQ 艺奇	中国，唐山	女	2011 年，6 次中标	—	平面设计师，中环图文广告公司
31	鬼谷传人	中国，宝鸡	男	2011 年，3 次中标	—	策划师，从事软文写作
32	赤倮倮	中国	女	2011 年，20 次中标	高中	在校高中生
33	syjwl	中国，广州	男	2011 年，16 次中标	大专	程序员，网站建设
34	鱼鱼和羯羯	中国，武汉	女	2010 年，180 次中标	本科，传媒策划与管理专业	文案专职策划师
35	1404212367	中国，邢台	女	2010 年，107 次中标	专科，新闻专业	专职威客
36	tzszr	中国，泰州	男	2010 年，322 次中标	本科，医学	医生

续表

编号	姓名	国籍	性别	成为威客的时间和中标次数	教育程度	职业
37	清风流雨	中国，上海	男	2010年，174次中标	本科	全职威客，网络文案策划
38	xiubaixue	中国，北京	男	2009年，16次中标	本科，设计专业	工业设计师，企业产品设计
39	路漫12	中国，梧州	男	2009年,5612次中标	大专	公务员
40	zhangyuxia1688	中国，重庆	女	2011年，55次中标	本科	全职威客，服饰设计、T袖设计

注："—"表示相关信息缺失，无法统计编码

上表的统计信息具有以下特征：(1) 问题参与者的教育水平差异性较大。我们可以看出InnoCentive网站中的威客知识教育水平普遍偏高，其中的样本还包含了2名2009年度全球最佳问题解决奖（Best Solver）获得者(全球总共13名)，而猪八戒网上的威客受教育水平则分布较广。所有样本中博士11人、硕士7人、本科11人、大专及以下11人（包括信息缺失者)，可以有效涵盖各种类型威客受教育的水平，消除教育水平对动机的固定影响。(2) 问题解决者的职业分布较为广泛。样本中问题解决者的职业从公司CEO、在校学生、部门主管、普通职员、自由职业者，再到家庭主妇均有涉及，具有广泛的代表性，可以消除职业特征的影响。(3) 问题解决者的参与起始时间包含了众包模式从发展至今的各阶段。对众包模式的关注起始于Howe (2006)[①] 在美国《连线》杂志上的概况总结和介绍，本样本的威客参与时间从2005—2011年，从时间跨度上而言具有足够的代表性。

博客内容的编码。(1) 博客内容的整理。由于本研究的目的是探究问题解决者的参与动机有哪些，以及这些动机之间呈现何种关系机制，最终如何对参与行为产生影响。我们对他们的博客内容进行了全面的整理，首先，对与众包参与动机无关的内容（如旅游、饮食等个人爱好）予以标注；其次，对于可以明显观察出来的动机直接进行编码（"奖金刺激"、

① Howe, Jeff, "The rise of crowdsourcing", *Wired Magazine*, 2006 (14), pp. 1 – 5.

"圈子声望"等）；最后，对隐性内容进行进一步的解读（如"在赚钱的同时，又可以锻炼自己的能力"，揭示了两种动机之间的关系）。（2）博客内容的编码。根据开放编码的要求，对所选取的40个威客样本博客内容进行逐一编码，编码所形成的20个范畴见下表3－2。相对于扎根理论而言，内容分析法中的编码是在一定的理论概念指导下进行的，多用于理论的验证，而扎根理论的编码是为了构建变量和理论①。因此在动机理论的指导下，我们对博客内容中出现的动机直接进行编码，形成最终有效编码227条。编码的编号格式：威客序号－动机序号，如编码15－5即编号15的威客博客内容中出现的第5次参与动机。有些动机重要性比较突出，威客们会反复提出，我们按照出现的位置进行再次编码。

表3－2　　问题解决者动机研究中基于开放编码形成的范畴

编号	主范畴	概　念
1	兴趣爱好	基于个人对某一领域（如设计、化学、机械工程等）的喜欢或痴迷，愿意参加与此相关的活动
2	参与无条件约束	众包活动对参与者没有文凭、专业、性别、地理位置等资格条件的约束，基于开放的环境，所有感兴趣和有参与条件的人都可以参与
3	继续参与意愿	是否愿意持续参与到平台的众包活动中，分为两种情形：受某因素鼓励，愿意继续参与；受某些条件束缚，无法继续参与
4	业余时间的合理支配	工作或生活当中有较多的空闲时间，利用空闲时间从事众包活动，帮助企业或社会解决某些方面的问题，提高空闲时间的价值
5	个人能力锻炼	通过众包获得从事专业相关活动的机会，提升自己专业能力的熟练掌握程度，提升自己的专业水平
6	追求成就感	通过自己提交的被选中的方案，为企业或社会创造价值，从而获得他人的认可，由此带来的自豪感
7	能力胜任感	自己的技术、知识和能力能够完成众包的任务
8	自由方式的吸引	众包的任务活动实施过程中较少有人干涉，问题解决者可以充分发挥自己的创新能力（creativity），包含两方面的意思：第一，任务完成的过程中问题解决者可以自主控制（control）；第二，问题解决者可以自主决定完成任务的方式（autonomy）

① Glaser B. G. and Strauss L A, *The Discovery of Grounded Theory*: *Strategies for Qualitative Research*, New York: Alpine de Gruyter, 1999.

续表

编号	主范畴	概　　念
9	平台与任务发包方的吸引	众包的平台和任务引起问题解决者的好奇心（curiosity），从而推动其关注和参与
10	奖金刺激	任务发包方提供一定的赏金作为最后中标问题解决者的奖励，从经济上对问题解决者的参与行为进行补偿
11	挑战自我	对自己应对压力和竞争能力的检验，一方面，有些任务是问题解决者需要付出很大努力才能完成的；另一方面，要比其他许多参与者方案更优秀才能获得胜利
12	利他主义	帮助社会和他人的发展进步，参与的众包活动可以为社会发展作出贡献（有些任务是非营利组织发布的，例如如何促进第三世界国家的教育发展），或者帮助企业解决某项研发或技术问题从而提高企业的经营效益
13	职业发展	通过众包活动得到的能力提升，通过高水平的参赛作品向职业市场传递个人能力、价值信号，有助于自己获得更好的职业发展机会
14	参与态度	对于任务发包方和任务的评价，如积极（或消极）对待任务方式
15	创新的需求	喜欢对传统的方式提出改进，通过众包活动为企业或社会发展带来更有效的生产方式
16	学习	众包中的任务都是各个企业面临的不同难题，任务完成需要一些知识，问题解决者通过参与众包活动的机会，接触和了解各种不同学科的知识，丰富自己的知识和文化水平
17	参与活动的投入	在参与众包任务中的时间、精力的付出程度
18	以往的中标激励	问题解决者以往众包活动中的成功中标的经历，对于后续行为具有重要影响
19	圈子声望	在问题解决者组成的圈子当中的知名度、威望、他人的尊重和认可程度，以及自身在社区成员当中的影响力
20	社交	通过众包活动结识相关的朋友，满足自己与他人交往的需求

以下是对应博客内容的编码及相应范畴较为详细的介绍：

（1）兴趣爱好。问题解决者的兴趣爱好是促使众包模式产生和发展壮大的重要因素，它是指问题解决者对于某一事物的喜爱、偏好程度。众包是基于自愿参与原则，兴趣爱好是驱使问题解决者参与的重要动力。许多问题解决者由于现实工作、生活等原因，无法从事自己喜爱的事业，因此众包是满足其业余爱好的有效途径，如 13 号 Chris Wilmer 的职业是从事化学计算机模拟研究，但对生物有着强烈的兴趣爱好（编码 13 - 1 "*Biology and bioengineering are my hobby sciences, which I pursue (or just read about) in my spare time. Greater exposure to these fields is one of the benefits that draws me to InnoCentive*"）；36 号 "tzszr" 的职业是名医生，但爱好图形设计（编码 36 - 1 "本人不是专职威客，主业是医生。做威客是出于自己的爱好"）。也有的威客是出于对所从事的职业爱好，所以愿意参加与此相关的活动，如 21 号 "邪恶的猫" 是名设计师，参与到众包设计活动中的原因是出自于热爱（编码 21 - 1 "我喜欢设计，设计是一件很有意义的事情，也是一种无形的产业和力量"）。

（2）参与无条件约束。现实中的很多专业活动，对参与者具有专业、能力等的资格限制，而众包则是利用群体的智慧为企业或组织提供智力资源，对参与者较少有条件限制，只要是愿意参与的问题解决者都会受到欢迎，如 2 号 Garima Kaul（编码 2 - 7 "*Solvers are not limited by geography, profession or educational background, so problems are seen with different perspectives*"）和 11 号 Horace Lee（编码 11 - 8 "*I find InnoCentive a vibrant playground regardless of age, education and geographical location Anyone can prove his/her ability once he/she has got a good idea*"）就是被这种开放的条件所吸引参与到 InnoCentive 平台的众包活动中来的。同时众包模式中最终方案的选择也是采用客观和公平标准，对参与者的无鄙视也是吸引动力之一（编码 1 - 3 "*I knew that the final result would be judged based on its merits alone and not arbitrary qualifications which may or may not have any bearing on my specific project*"）。

（3）继续参与意愿。对于未来是否继续参与到众包活动当中，不同的问题解决者由于各种因素影响，决策有所差异。有些经验丰富的问题解决者虽然工作时间紧张，但是由于对众包模式或平台社区的喜欢，会继续参与其中，如 21 号 "邪恶的猫" 和 38 号 "xiubaixue" 表示虽然参与的时间有限，但还是继续参与（编码 21 - 4 "不过威客我还是会继续做的，这个能选择自己喜欢的任务"；编码 38 - 5 "来做猪八戒的时间相对 3 年前就少了很多，不过我还是会挤时间来做！因为放不下猪八戒"）；而有些则对未来持续参与比较肯定，如 17 号 Ahmet Karabulut（编码 17 - 9 "*I am now very happy to be a member of InnoCentive community and I will continue participating future Challenges*"）和 32 号 "赤倮倮"（32 - 4 "当然会啊，我想看看到大学时自己在做那些任务时，会不会变了好多？也想看看自己能有多大的进步”）；而有些则受制于某些方面因素，表示未来会放弃参与众包活动，如3号 John Lucas（编码3－5“*Needless to say, I don't have as much time these days to work on Challenges, so please, take my place and best of luck*”）。

（4）业余时间的合理支配。众包模式的优势之一是将社会中存在的大量闲散劳动力资源调动起来，为企业或组织提供劳动力服务，一些问题解决者是将众包作为其空闲时间的“第二份工作”，如7号 Corinne Le Buhan（编码7－4“*So I can only work on Challenges when I have enough free time left besides my day-to-day business*”）和25号“柴新庆”（编码25－1“我一直都想找个工作，在不影响我正常工作的情况下找份工作”）；而另外一些则是为了使业余的时间更加有意义，如2号 Garima Kaul（编码2－1“*I could not focus on solving them because of time constraints. It was only after moving to Japan in 2009 and becoming a freelancer that I worked my way back to InnoCentive while visiting nature. com*”）和23号“阿杰设计工作室”（编码23－1“利用业余的时间开始在上面接任务来做”）。

（5）个人能力锻炼。通过参与到众包活动中，问题解决者原有的知识和技能得到了实践和检验的机会（如编码2－6“*InnoCentive has not only given me an opportunity to successfully apply my skills in solving Challenges but also created awareness*”；编码15－10“*InnoCentive provides the world with opportunities to polish and practice our creativity and knowledge*”），通过众包活动可以发掘自己的潜力或认识到自身的不足以便于改进（如编码12－3“*The desire to test one-self, the desire to understand and evaluate the potential of oneself, pushes me to repeatedly participate on InnoCentive Challenges*”；编码40－5“可能是自己专业还不是很精通，还需要继续努力。所以平时有空都会多看些资讯，拓展视野”），同时通过锻炼为个人发展建立资本（如编码22－1“就希望通过威客网，积累点资本，再偷学点各方面的技术啊”）。

（6）追求成就感。众包的成就感来源于三个方面：其一，由于众包活动中存在竞争，获胜本身是对威客能力的肯定（如编码5－2“*Two prizes out of five proposals submitted, in a tough competitive environment* Quite stimulating, don't you think”）；其二，问题解决者将自己的知识和能力转换成企业所需要的解决方案，自己的努力得到他人的认可，可以获得精神上的自豪感（如编码 2 – 5 “*Solving these Challenges gives me immense satisfaction and provides me with a chance to get my ideas out to the global community*”；编码 26 – 3 “客户认可我的作品之后的微笑是最自豪的，这样的感觉也是让我成为全职威客的主要原因”）；其三，众包中的奖金是对问题解决者付出努力的物质性补偿（如编码 30 – 2 “就是第一次中标特别开心，虽然是一个注册推广的任务，但这是我第一次在网上赚钱”；编码 36 – 4 “说我中标了，虽然只有 160 元，但是这可是第一标呀，兴奋了好久”）。

（7）能力胜任感。对于问题解决者而言，能力胜任感是指有把握完成众包的任务，可能来源于三种情形：其一，来源于自身的生活经历，如 6 号 Adrian Perez 在肯尼亚生活过的经验正好可以解决 InnoCentive 中的某项任务（如编码 6 – 2 “*As I read through it, I became excited, as I was able to relate to certain thematic areas due to my previous experiences in Kenya*”）；其二，来源于自身能力对任务的了解，如 15 号 Abshar Rashid 虽然接触到竞争方案时间很短，但凭着对问题的了解最终中标（如编码 15 – 2 “I joined InnoCentive only a few weeks before the submission date of my awarded Challenge. At first, I checked many Challenges that I found interesting and thought I could work on”）；其三，来源于原有知识的学习和掌握（如编码 38 – 3 “我只看重找个平台发挥自己的特长，好好利用自己原来所学的知识”）。

（8）自由方式的吸引。众包活动的开展是在网络环境下进行的，自由无约束对于问题解决者具有较大吸引力，无论是专业人士还是业余爱好者，均可以自由竞争（编码 1 – 2 “*I'm a big fan of the crowdsourcing model which creates a level playing field so that amateurs and professionals alike compete solely on the basis of merit*”；编码 26 – 2 “那个时候没有什么感觉，只是投投碰运气，主要是喜欢这份自由”）。同时相对于传统企业内的组织生产方式，威客享有两个方面自主决定权（autonomy）：一是对于任务完成的方式没有特殊限制（编码 23 – 3 “猪八戒网给我们提供了一个很大的平台，可以自由去发挥自己的长处”）；二是对于任务的内容，问题解决者可以充分发挥自己的创造力（编码 2 – 9 “*There are no limitations or restrictions of how you approach the problem and it is totally upon your intellect and creativity to solve it*”）。

（9）平台与任务发包方的吸引。平台和任务发包方的策略吸引，也是促进问题解决者参与众包活动的因素之一。首先，众包平台的良好服务态度和人性化业务管理流程可以吸引问题解决者参与，如 2 号 Garima Kaul 就是被 InnoCentive 网站良好的服务所吸引而参与的（如编码 2－10 “*I feel InnoCentive clearly stands out. Their staff is very supportive and the whole process from viewing the Challenge, to submitting the solution and then getting the award is completely uncomplicated and genuine*”）。其次，发包方的任务展示策略得当，也可以吸引更多问题解决者的参与，如 18 号 Sandip Bharate 是被任务发包方策略所吸引（编码 18－7 “*The Challenge details seemed attractive because of its clear and specific project criteria*”）。最后，问题解决者之间关于平台的口碑传播也是促使其参与的重要因素，如 29 号“小丽工作室”是在朋友的介绍下参与到众包活动中的（编码 29－2 “好奇心让我想要了解猪网是一个什么样的网站，于是就带着好奇去网站注册了”）。

（10）奖金刺激。经济收入是人们努力工作的重要动力，众包活动中任务发包方提供的奖金是吸引问题解决者的重要因素（如编码 3－1 “*I've won two InnoCentive Challenges and the monetary award is nice*”；编码 18－2 “*I found it very exciting, and realized that this is a great chance to win a reward if my proposal will be chosen by a seeker company*”；编码 30－1 “在一个设计群里面看到的，群友说他赚了好多钱”），威客们愿意在锻炼自身的能力的同时能够获得经济收入（如编码 23－2 “业余时间学习锻炼一下，当然能赚点零花钱就更好了”；编码 34－2 “其实一直想有一个锻炼的兼职平台，同时也想赚点小外快”）。

（11）挑战自我。对于问题解决者而言，参与到某些任务当中是对自己能力的挑战（如编码 19－1 “*Some years ago I tried to answer to an InnoCentive challenge to challenge myself and for curiosity*”），首先面对的是众多问题解决者的竞争，获胜需要付出很多的努力（如编码 12－2 “*Probably, to be really honest, the main reason is the passion. The spirit of competition that InnoCentive has fostered has an amazing effect*”）。其次，众包活动中对一些问题解决者而言，是新的领域和内容需要进行学习，支撑其参与的内在动力是想改变传统方式（编码 4－1 “*it means to me an opportunity to be creative, like an opened door to start my way to change the world*”）。

（12）利他主义。问题解决者参与到活动当中，最终提交的方案将会对企业和社会发展产生一定的帮助，很多问题解决者是基于为社会作贡献的目的参与到其中的。如 10 号 Samuel Peña-Llopis 参与的任务是由非营利组织发布的，任务的目的是通过教育方式创新帮助第三世界国家发展（如编码 10 - 4 "*At the end, innovation promotes the progress of our society and it's very rewarding to be part of it*"）；12 号 Yury Bodrov 则认为参与众包如果中标可以为社会作出自己应有的贡献（如编码 12 - 7 "*And perhaps there is one more important thing. If you win, it means that you have contributed to decrease entropy on the planet*"）。还有一些则是基于自己性格特征乐于助人（如编码 16 - 2 "*One of the favorite parts of my job is helping others solve their problems*"；编码 21 - 6 "我的目标可能就有点乌托邦的意思了，我不关心挣钱多少，但是我想让雇主更好地了解设计，他们往往不懂，所以造成很多设计人才的怀才不遇"）。

（13）职业发展。众包对于问题解决者职业发展帮助分为两种情形，一种是通过众包活动的锻炼学习更多与职业相关的知识（编码 18 - 10 "*it is a great exercise to the brain and a good reason to know better about that particular research area* and *in turn create more opportunities for ourselves*"），获得更多的职业发展机会；另一种则是通过众包活动认识更多的问题解决者伙伴，将众包成为自己的发展事业（如编码 24 - 5 "我已经在构建关于一个猪八戒网络平台的专业团队，作为我们公司今后在网络方面的业务板块。至于目标而言，在这个平台上在收获喜悦的同时，积累经验、能力，长远发展"；编码 37 - 3 "想建一个真正的自己的实体工作室，注册公司的那种，当然短期目标就是建立自己的网站"）。

（14）参与的态度。问题解决者对于众包活动的主观认识，代表着问题解决者在众包活动中的价值取向（如编码 37 - 7 "真正好的稿件还是要有高度的凝练能力，态度和水平决定着矛盾的主要方面，所以，我觉得做任务，首要因素是态度"），正确的态度会让其以积极的方式对待任务，投入更多的时间和更多的精力（如编码 18 - 8 "*For this challenge, I spent a couple of my weekends to understand the reasons why there were a large number of failures and only few successes in lupus clinical trials*"）。

（15）创新的需求。许多问题解决者性格特征中具有创新精神（如编码 4 - 3 "*I believe in the capacity of innovation in each one of us as a human characteristic, we just need to believe in our ideas, believe that each new idea could make the difference in this world*"），喜欢改进旧的生产方式，或通过新的创意丰富社会生活（编码 11 - 1 "*I have always had a passion in innova-*

tion, especially with approaches that unravel the basic mechanisms of life”）。而众包中的许多问题解决，恰好需要问题解决者们的创新，提供吸引他们创新的平台。

（16）学习。众包活动对于问题解决者而言，既可以通过参与锻炼自己个人的能力，同时由于任务的多样性，也是学习各类知识的良好途径。很多问题解决者将众包当成良好的学习平台，而非注重是否最终能够获胜（如编码3－4“*Even if you do not win an award, you can't lose because in any case you will learn something new*”；编码8－3“*Surely I learnt a great deal about ultrasound while working on the Challenge*”；编码32－6“在技术和能力上肯定有所欠缺，不过这是一个很好的学习平台，学到的不仅仅是知识，还有与人沟通等很多方面可以学”）。

（17）参与活动的投入。问题解决者对待任务的投入程度以时间、精力等形式表现（如编码28－4“为了一条广告语，我写了2000字，写了8条方案，每条方案还作了详细释义，花了半天的时间”），代表着他的参与态度。方案的完成，有时需要威客们查找大量的资料（如编码11－4“*Moreover, without any experience working with mouse infection models, I had to dig heavily into the literature and started with the basics*”），或者需要与他人咨询交流（编码6－4“*I began to form parallels between the three subjects and eventually began presenting my ideas to friends over coffee. After much frustration, moments of rest and a fast approaching deadline, a final idea was decided on and submitted*”）。

（18）以往的中标激励。对于持续参与到众包活动的问题解决者而言，以往参与经历会对未来行为具有显著影响，如17号Ahmet Karabulut有过两次的中标经历，第一次成功中标建立的信心和激励，对第二次有显著正面影响（编码17－3“*Later on last year, I won another Challenge award with my submission for the Pd recovery and reuse from aqueous*”）。而长期的未中标则会对问题解决者参与信心有负面影响，（如21号“邪恶的猫”表示前期的经常未能中标对参与信心有负面影响；编码21－3“做任务还是挺简单的，但是中标就有些困难了，我刚开始的100标全打了水漂”）。

（19）圈子声望。众包平台的社区构建成问题解决者的圈子，通常会根据每个参与者所完成任务的大小和多少形成等级划分，等级代表着问题解决者的地位影响力。建立在社区中的威望是问题解决者保持积极性的一大动力，如猪八戒网中的很多参与者将提高等级作为努力奋斗的目标（如编码 23－5“目前的目标是猪五戒，提高自己的地位”；编码 28－3“俺又决定扎扎实实地好好做，原因是我看以前和我一样的“四戒”同学，全部火箭速度在升级啊，汗颜啊”）。

（20）社交。众包同样属于群体式共同生产，其独特之处在于参与者间是相互竞争的关系，但所形成的圈子也给问题解决者们的沟通交流提供了良好平台（如编码 38－1“不知不觉地已经在猪八戒 3 年多了，也结交了很多设计界的朋友，认识了好多不错的雇主，后来也慢慢成为了朋友，可以说猪八戒在我的工业设计道路上起着相当重要的影响”）。认识兴趣爱好相同者，是吸引有些问题解决者参与的原因（如编码 26－1“希望通过这一次能认识更多编程的全职威客朋友”；编码 34－6“与志同道合的同仁将服务范围继续扩大，最好能组建一个写手团，服务各类文案工作，将猪网坚持到底，将威客坚持到底”）。

第四节　任务参与者动机机制分析

一　基于编码形成的动机概念模型

根据参与动机理论人们的参与动机可以分成内部动机、外部动机以及内化的外部动机。结合其定义特征，同时为了便于更直观地了解问题解决者的参与机制，我们绘制了问题解决者参与行为机制概念图，如 3－1 所示。

二　问题解决者动机机制分析

首先，从参与动机的组成内容上来看，问题解决者的参与动机构成较多。本书对博客内容分析，共形成 20 个构念，其中 16 个为问题解决者的参与动机，大致可以被分为三大类。Roberts，Hann 和 Slaughter[①] 对开源软件参与者的动机研究认为参与的动机由六种构成：能力胜利感、自控感、自主性、经济刺激、声望和使用价值。本研究经过探索性分析发现，

① Roberts J. A.，Hann I. H. & Slaughter S. A.，. “Understanding the motivations，participation and performance of open source software developer：A Longitudinal study of the apache projects，” *Management Science*，2006，52（7），pp. 984－989.

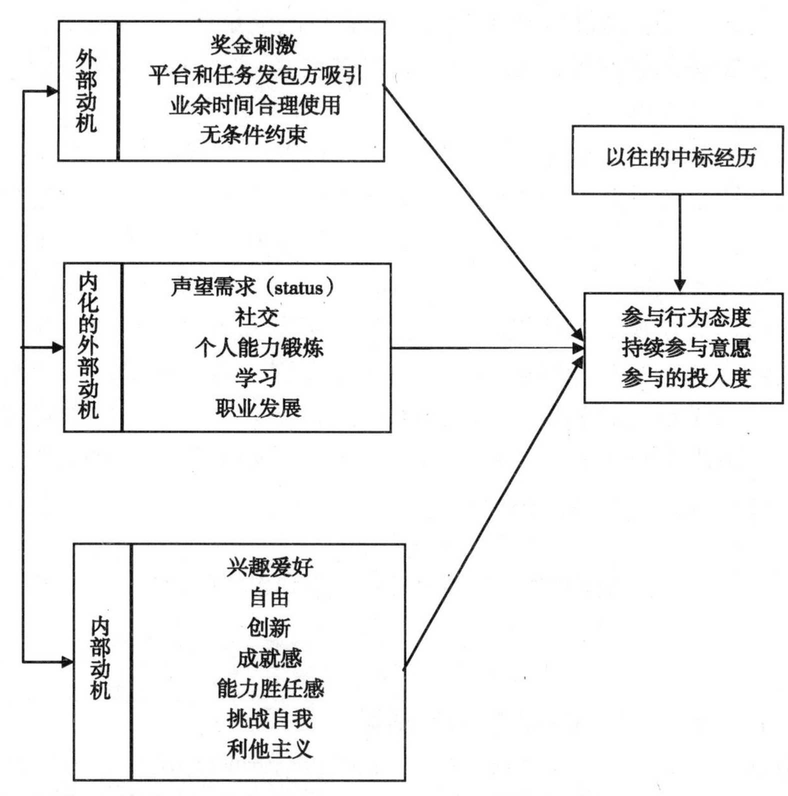

图 3－1 众包中问题解决者动机概念模型

众包中问题解决者的参与动机比他们更为丰富。开源软件活动中的参与者个人背景多与计算机相关，参与者的兴趣爱好较为类似，所以群体的共性比较大，对于参与动机的分析也就相对较为简单。然而问题解决者群体的最大特征就是多样性，从个人能力、知识教育、兴趣爱好、职业类型等各方面均具有差异性，所以形成的参与动机认识也不一样。有些问题解决者只是为满足业余爱好，有些受奖金吸引，还有些则是为了挑战自我……

其次，从各类参与动机之间的关系来看，呈现相互共生（mutually reinforcing）关系。在开源软件参与模式中，参与者的内部动机与外部动机、内化的外部动机间均具有挤出效应（crowding-out effect），两者呈此消彼长的状态关系[1]。但众包中问题解决者的不同参与动机间并非相互排斥，而是相互共存的关系。奖金激励属于外部动机，而追求成就感属于内部动机，问题解决者参与任务既可以获得奖金激励，也可以获得中标后的成就感，如对于 11 号 Horace Lee 而言，奖金和成就感两者是密切联系的（如编码11－6、11－7 "*To my happy amazement, I won the first challenge that I attempted. Not only I received a decent amount of monetary award, I was excited to see my knowledge I acquired during the innovation process to be put into practice*"），而 16 号 Fred Davis 则将兴趣爱好、利他主义和奖金激励三者相互融合（如编码16－2、16－3、16－4 "*One of the favorite parts of my job is helping others solve their problems, so I thought it would be nice to have a financial reward accompany the mental challenge*"）。同样内化的外部动机可以与内部动机共存，如 35 号"1404212367"希望在获得声望动机的同时取得成就感（编码 35－5、35－6"想做猪八戒第一红人，做文案最受欢迎的卖家，在威客这一行实现自己的人生价值。以此证明自己是个有能力的女人"）。从众包运作的模式来看，问题解决者的动机呈现共生状态具有合理性，众包是采用奖金悬赏的形式开展任务竞赛，是建立在问题解决者自愿、具有一定兴趣爱好的基础之上，将其各种参与动机有机整合。

再次，从各种动机对问题解决者参与行为的影响大小来看，奖金激励、兴趣爱好、能力锻炼是其三种主要参与动机。根据动机在编码出现的频率，下表 3－3 进行了频率统计。从三大类别动机的统计来看，内部动机（39.9%）要高于外部动机（25.39%）和内化的外部动机（34.53%），是驱使问题解决者参与到众包活动中的重要因素，因此众包是在威客们业余爱好的基础上发展起来的论点进一步得到了验证[2]。就内部动机而言，除了兴趣爱好外，获取方案中标后的成就感和自由决定权也是威客的重要内部动机。从表 3－3 中可以看出众包的无条件约束方式，以及业余时间的合理支配是外部动机的重要组成，通过众包模式学习新知识也是内部化的外部动机的重要内容。

---

① Roberts, J. A., Hann, I. H. & Slaughter, S. A., . "Understanding the motivations, participation and performance of open source software developer: A Longitudinal study of the apache projects," *Management Science*, 2006, 52 (7), pp. 984－989.

② Howe, Jeff. "The rise of crowdsourcing", *Wired Magazine*, 2006 (14), pp. 1－5.

表 3－3 问题解决者参与动机统计分析

类别	动机	频次	频率（%）	
			类别内部	整体动机
内部动机	兴趣爱好	26	38.81	15.48
	追求成就感	11	16.42	6.55
	自由	11	16.42	6.55
	挑战自我	7	10.45	4.17
	创新的需求	6	8.96	3.57
	能力胜任	3	4.48	1.79
	利他主义	3	4.48	1.79
外部动机	奖金激励	27	62.79	16.07
	参与无条件约束	6	13.95	3.57
	业余时间的合理支配	6	13.95	3.57
	平台与任务的吸引	4	9.30	2.38
内化的外部动机	个人能力锻炼	25	43.10	14.88
	学习	11	18.97	6.55
	职业发展	9	15.52	5.36
	圈子声望	9	15.52	5.36
	社交	4	6.90	2.38

最后，从问题解决者的行为表现来看，参与动机的影响表现为对待任务的积极态度、投入程度和持续的参与意愿。在积极的参与态度下，问题解决者会认真对待任务，将自身的知识、技能以及身边的资源投入到众包任务的完成中，有助于提高众包方案的完成质量，提升方案中标的概率。而问题解决者以往的中标经历，会对未来持续参与众包活动的意愿有着显著的影响，以往的行为会对未来产生影响。

第五节 研究结论

本研究采用探索性研究对问题解决者的博客进行了内容分析，系统地总结和梳理了其参与动机。因此，可以回答本研究开始提出的三个问题。

（1）问题解决者的参与动机有哪些？开源软件开发、一般的虚拟社区参与者动机有何不同？

本研究发现，问题解决者的参与动机可以分为三大类（内部动机、外部动机、内化的外部动机），共由16个维度组成（见表3－2）。众包中问题解决者的动机与开源软件开发、一般虚拟社区参与者的动机差异性，主要表现在参与动机的组成维度上，众包中问题解决者的参与动机内容明显多于开放源和一般的虚拟社区，因此其动机也相应地比其他的两种类型更为复杂。

开源软件开发同样是基于社会化生产模式进行的，参与者在自愿基础上参与对系统软件、程序的开发，参与的目的是为了解决自己遇到的问题，或打破软件的垄断（如Microsoft操作系统）推进电脑技术的发展。根据对开源软件参与者的动机研究，发现其内部参与动机主要有能力胜任感、控制感、自主性和利他，外部动机为劳酬吸引，内化的外部动机是声望动机和使用价值，七种构成维度[①]。众包中问题解决者的参与动机在此基础上更为多样，如开源软件参与者是基于合作模式进行的，而众包是在竞赛情形下进行的，因此问题解决者存在自我挑战动机；同样众包中任务具有多样性，有些任务并非其专业领域，因此参与活动也是问题解决者的学习过程，因此具有学习性动机；再如众包平台和任务发包方通过一些策略吸引，问题解决者的参与动机有时是基于平台和任务的吸引……这些动机均是开源软件参与者较少拥有的。

而一般的虚拟社区以信息共享为主，参与者贡献经验信息或搜寻自己想要的信息，很少涉及生产。参与者的动机相对更简单，为的是获取信息的使用价值或利他主义。因此与众包问题解决者的参与动机有着更大的差异性。

（2）问题解决者的各种动机间的关系机制是怎么样的？

开源软件中参与者的动机之间存在挤出效应（crowding-out），内部动

---

① Hars, Alexander & Ou Shaosong, "Working for Free? Motivations of participating in open source projects," Proceeding of the 34th Hawaii International Conference on System Sciences, 2001, pp. 1－9.; Bonaccorsi, Andrea, & Rossi, Cristina, "Altruistic individuals, selfish firms? The structure of motivation in open source software," *Working paper*, 2003; Roberts, J. A., Hann, I. H., & Slaughter, S. A., "Understanding the motivations, participation and performance of open source software developer: A Longitudinal study of the apache projects," *Management Science*, 2006, 52 (7), pp. 984－989.

机与外部动机、内化的外部动机呈现此消彼长的关系[①]。而本研究发现，众包中问题解决者的参与动机之间是相互共生的（mutually reinforcing），与前者有很大的差异性。这与两种活动的组织模式差异具有密切联系，开源软件模式多是基于义务自愿形式组成的，不是为某一特定的企业服务，众包则是平台企业组织的采取奖金刺激的形式，将闲散的智力资源汇集起来为任务发包方企业服务。问题解决者参与众包活动，首先是具有一定的兴趣爱好；其次是满足兴趣爱好的同时可以获得经济回报，对于活动过程拥有较大的自主决定权。同时通过众包活动的锻炼可以帮助问题解决者个人资本的积累和职业发展，其收益是多重的，因此其参与动机的共存关系并不矛盾。

（3）问题解决者的参与动机对行为绩效有何影响？

本研究发现问题解决者的参与动机，对其行为态度和工作投入均有着积极影响。本研究的选用样本以有过成功中标经验者为主，从他们对于参与动机的陈述来看，在众多动机中兴趣爱好、能力锻炼、奖金激励三者涉及程度最多，它们分别归属于不同的类别动机。不同类别的动机可以相互融合，提高威客的参与态度和投入程度，从而提高其行为绩效。

第六节 研究意义

以上关于众包问题解决者参与动机的研究，是对社会化生产和开放创新中参与动机理论研究的丰富和补充。本章研究发现众包模式中问题解决者的动机可分为内部、外部和内化的外部性动机三大类，并且发现参与者的动机之间呈现相互共生关系。这与以往开源软件参与者动机关系状态不一致，是对动机理论边界的有效拓展。

同时对于众包平台和任务发包方企业具有实践指导意义。只有在充分了解问题解决者参与动机基础上，众包平台方和发包企业才可以制定有针对性的沟通策略，吸引更多的问题解决者以积极的态度参与到众包任务中来，从而获取高质量的解决方案。将平台方、发包方企业可以控制的奖金

---

① Osterloh, M. & Frey, B. S. "Motivation, knowledge transfer and organizational forms," *Organization Science*, 2000, 11 (5), pp. 538 – 550.; Roberts, J. A., Hann, I. H., & Slaughter, S. A.. "Understanding the motivations, participation and performance of open source software developer: A Longitudinal study of the apache projects," *Management Science*, 2006, 52 (7), pp. 984 – 989.

激励、社区声誉机制、沟通策略进行合理组合，对于不同类型的任务采取有差异的发包策略。当发包任务较难时，应在任务发布时充分调动问题解决者内在参与动机；而当任务较为容易、标准化时，可以通过有吸引力奖金报酬鼓励问题解决者积极参与。

第四章　研究二：发包方策略研究

第一节　引言

一　发包方企业采用众包模式背景

创新是企业的两大基本职能之一[①]。Web 2.0 关联技术的发展促进了社会的交互，带来了企业创新的变革，强调企业必须采取开放式创新（Open Innovation）。开放式创新是指企业要突破自身的边界，通过加强与外部企业和用户的关联和协作，实现更有效的创新和突破[②]。它的本质在于获取、利用和整合外部创新资源，其中知识和创意资源是开放创新中的关键性资源[③]。人才是企业发展的宝贵财富，采取有效的策略整合、利用具有知识和创意的人才是满足企业人才需求的重要问题，而 Web 2.0 技术的发展为此提供了有效模式。基于 Web 2.0 的交互技术可以将分散人群组合起来形成有效的社会网络，网络群体通过共同协作或竞争完成企业提出的某项问题，众包模式是近年来兴起的典范。它是基于社会化网络形成的一种新的协作生产，可以为企业外部智力资源的利用提供有效的解决模式。

众包是指以公开招标的方式将企业所需解决的问题提供给方案解决者，用户提交方案后，发包方审查方案，发现最合适的解决方案，并使用

---

① Rogers, *Everett. Diffusion of Innovations* (5th edition), Free Press, 2003.

② Chesbrough H.. *Open Innovation: The new imperative for creating and profiting from technology*. Boston: Harvard Business School Press, 2003.

③ Chesbrough H.. *Open Business Model*: *How to thrive in the new innovation landscape*, Harvard Business School Press, 2006.

最终的方案，中标者有时会被奖励①。众包是分布式的问题解决和生产模式，通过社会网络将分散的（distributed）具有某些方面特长和兴趣爱好的威客集中起来，共同参与到问题的解决中。众包中的任务以知识创意类服务为主，问题解决者多为具有知识和创意类的人才，众包提供了合理利用问题解决者群体的可持续发展模式。从企业的角度来说，众包和外包不同，众包的任务是外派给社会网络上的群体，而外包的任务是外派给确定的个体；众包和开源不同，众包由某客户提出，并且以个人或小组为形式来进行，开源则是通过群体中的个体自愿地创造和合作完成任务。

众包模式可以给企业带来三个方面的优势：（1）获取多元化的人才。通过众包，企业可以获取比自己组织内部更广泛的智力资本，并快速地洞察客户需求②。而这是任何一个企业内部所无法承担的，如众包平台InnoCentive上聚集了全球14万名各类学科背景的科学家，都可以为企业创新所用。（2）成本的经济性。传统企业内部的雇用制度，聘用和培训一名合格的专业人才成本极高，而众包只需支付一定具有吸引力的奖金，相对于企业内部组织生产非常具有经济性。同时多人参与竞赛的模式，可以节省任务完成的时间③。（3）模式的可持续性。问题解决者群体规模的庞大，从基数上为人才的供给提供了保证，其次奖金激励的形式可以避免义务免费模式的短期性，非营利组织开展的实践也证明了市场化的手段是保证长期可持续发展的有效措施。

众包模式已经被业界关注和采用，如宝洁公司对其研发提出新的改革，要求其研发部门50%的成果来自于外部资源，许多国际知名企业借助InnoCentive众包平台发包任务。随着企业研发运营成本的不断增加，众包是利用外部资源，降低成本的有效模式。如Ekins & Williams（2010）在*Pharmaceutical Research*杂志编辑寄语中，撰文指出对于一些科学家和医药企业而言，药品的研发、市场推广成本的大幅度提升，很

① Doan, Anhai, Ramakrishnan, Raghu; Halevy, Alon Y.. "Crowdsourcing Systems on the World-Wide Web," *Communications of the ACM*, 2011, 54 Issue 4, pp. 86 – 96; Zheng, Haichao, Dahui Li, Wenhua Hou.. "Task Design, Motivation, and Participation in Crowdsourcing Contests," *International Journal of Electronic Commerce*, 2011, 15 Issue 4, pp. 57 – 88.

② Busarovs, Aleksejs.. "Crowdsourcing as user-driven innovation, new business philosophy's model." *Journal of Business Management*, 2011, Issue 4, pp. 53 – 60.

③ Heer, Jeffrey & Bostock, Michael, "Crowdsourcing graphical perception: Using Mechanical Turk to assess Visualization design," *CHI* 2010: *Visulizatioin*, 2010, April 10—15, USA, pp. 203 – 212.

多产品的开发将面临削减预算和成本的经济约束。在开放型创新环境下，企业的研发模式已经开始向去中心化（decentralized）转变，开放式的数据和技术可以共建企业发展的生态系统（ecosystem），便于企业利用网络社区的外部人力、知识资源和创新，而众包是获取外部知识资源的有效方式。他们提倡医药企业要进行运营模式变革，充分利用众包模式提高企业的赢利能力，提倡增加对医药行业如何更好地利用众包模式的管理研究。

二 发包方策略的研究问题

综上所述，众包模式确实存在许多优越性，然而对于企业而言需要思考的是如何合理利用这一模式。首先面临的是如何吸引众多的问题解决者参与到企业的任务需求当中，并以积极的态度为企业提供高质量的解决方案。企业开展众包的模式有两种途径，第一种是利用企业自己的网站发布任务需求吸引问题解决者参与；第二种是参与到众包平台当中进行任务需求交易。从实践上来看第二种途径是现行企业采用众包的主要方式。但随之而来的问题是，虽然众包平台社区有许多问题解决者，但是同样也有许多类似任务需求发布的企业，如何吸引问题解决者参与到企业的任务当中是首先要考虑的策略性问题。众包是基于群体共同生产模式进行的，但传统经济学观念认为，如果让很多人（solvers）共同参与某一问题，会导致参与者投入度不同和积极性不高的问题，这显然与企业的宗旨相违背①。因此如何让众多的问题解决者参与，同时又尽量促使每人保持较高的投入度，是众包中企业所需重点考虑的问题。在众包活动的开展中，企业可以操控的是任务类型、奖金额度、时间标准，有学者利用对众包模式进行的实验研究发现，任务标准化程度越高，任务完成的平均时间也就越多；同时奖金激励越大的任务，完成的时间也越短②。然而基于学术研究的角度，应该如何系统性构建指导众包任务开展的理论模型呢？这是本书拟进行的研究问题。

从现行企业开展众包活动的经验总结来看，众包是企业提供一项奖金

① Terwiesch, Christian & Xu Yi. "Innovation Contests, Open Innovation, and Multiagent Problem Solving," *Management Science*, 2008, 54 (9), pp. 1529 – 1543.

② Heer, Jeffrey & Bostock, Michael. "Crowdsourcing graphical perception: Using Mechanical Turk to assess Visualization design," *CHI* 2010: *Visulizatioin*, 2010, April 10—15, USA, pp. 203 – 212.

激励，号召问题解决者展开任务竞赛，奖励最优方案的中标者的一种问题解决模式。众包活动的开展具有两个特征：首先，奖金激励方案本质上是一项实物期权①（real option），对于问题解决者而言，其获得的只是未来可能得奖的一项概率，企业承诺对最终的中标者实施奖励，而对其余未中标的群体不承担任何义务。这是金融领域的期权模式在众包项目管理上的运用和拓展；其次，数量较多的问题解决者同时参与到一项任务当中，彼此之间相互独立和竞争，因此众包活动同时也是一项任务竞赛②（contest）。因此从管理上进行抽象总结，众包模式是企业运用实物期权理论组织的任务竞赛活动。结合众包中企业可以控制的因素，针对众包活动开展的策略指导，本研究问题如下：

（1）奖金策略的设计研究。众包总体上是节省企业经济成本的有效模式，但是研究一中表明问题解决者的参与动机中奖金激励是其重要动力之一，奖励额度的大小对问题解决者的参与积极性和投入程度有着重要的影响。那么，企业应该如何设计奖金方案呢？是否较高的奖励方案就可以达到企业的目的？本书拟通过实际数据对此问题进行检验分析。

（2）时间策略的设计研究。发挥问题解决者群体智慧的优势，尽快得到企业满意的解决方案，节省时间成本也是企业选择众包模式的初衷。然而，是否时间设计越长，企业就可以得到越多的解决方案呢？时间策略与最终问题解决者的关注人数、提交方案数量呈现何种关系？这是本研究关注的第二个问题。

（3）任务类型的影响研究。众包中的任务以知识创意型为主，然而其中的任务类型也有难易之分，所需问题解决者的工作投入程度也具有差异性，那么不同类型的任务应如何设置差异化的奖金和时间策略呢？也即任务类型对策略效果的调节作用是如何体现的？这是本书将要研究的第三个问题。

---

① Wang，Heli & Lim，Sonya Seongyeon. "Real options and real value：The role of employee incentives to make specific knowledge investments，" *Strategic Management Journal*，2008，29，pp. 701 – 721.

② Terwiesch，Christian & Xu Yi. "Innovation Contests，Open Innovation，and Multiagent Problem Solving，" *Management Science*，2008，54（9），pp. 1529 – 1543.

第二节 文献回顾

一 实物期权理论

实物期权（real options）的概念来源于金融学领域，最初是由 Stewart Myers① 在 MIT 时所提出的，用于解释项目投资价值。他认为一个投资方案产生的现金流量所创造的利润，来自于目前所拥有资产的使用，同时再加上一个对未来投资机会的选择。也即企业可以取得一个权利，在未来以一定价格取得或出售一项实物资产或投资计划，所以实物资产的投资也可以应用类似评估一般期权的方式来进行评估。同时又因为其标的交易物为实物资产，故将此性质的期权称为实物期权。期权是一种特殊的合约协议，它规定持有者在给定日期或该日期之前的任何时间有权利以固定价格买进或卖出某种资产。期权只有权利而没有义务，这种权利和义务的不对称性实际上提供了一种保险的可能。在不确定性的条件下，期权是有价值的，而且不确定性越大，期权的价值就越大。如果资产含有期权，那么资产的风险越大，其价值可能也越大。实物期权分为两个阶段，阶段一是企业选择一项投资行为；阶段二是在后续信息对称后决定是否中止或继续项目。

实物期权理论最早用在金融投资领域，但是基于其内在的逻辑思路可推广性引起管理学学者近些年来的广泛关注②。当未来存在不确定性时，实物期权是提高投资价值的较好模式，它的逻辑思路被广泛应用于项目管理当中，如研发项目③、共同投资④（joint venture）和一般性的帮助公司

① Myers S. C. "Determinants of corporate borrowing," *Journal of Financial Economics*, 1977, 5 (2), pp. 147 – 176.

② Kogut B. & Kulatilaka N.. "Capabilities as real options," *Organization Science*, 2001 (12), pp. 744 – 758; Adner, R. & Levinthal, DA.. "What is not a real option: considering boundaries for the application of real options to business strategy," *Academy of Management Review*, 2004 (29), pp. 74 – 85.

③ McGrath R. G. "A real options logic for initiating technology positioning investments," *Academy of Management Review*, 1997, 22 (4), pp. 13 – 30.

④ Acodemy Kogut B.. "Joint ventures and the option to expand and acquire," *Management Science*, 1991 (37), pp. 19 – 33.

能力发展的项目[①]等。众包项目企业实质上是在采用实物期权模式进行管理，第一阶段其奖金设置有两种情形，第一种是没有限定需要选标，根据未来方案的质量决定是否兑付奖金；另一种是必须选标，不论方案质量如何，企业必须选择其中之一兑付奖金。然而在第二阶段企业可以根据问题解决者提供方案的质量决定是否采纳此方案，根据方案内容进行相应后续投资。然而这些项目采用期权模式，面临的一个共同问题是，项目未来的价值能否实现在很大程度上要受参与者绩效的影响[②]。因此对于参与者的合理激励是项目管理中需要重点考虑的问题，同时这也是企业采用实物期权模式进行项目管理所容易忽略的问题[③]。

在一些实物期权的项目中，企业会根据未来信息确定情况下的收益判断决定项目的前景，然而这一前景很大程度上受参与者积极性的影响。因为在项目的参与中，参与者需要投入许多人力资本（human capital investment），这些投入很大程度上是针对特定项目的专有投资，较少具有其他的用途[④]。所以参与者会对项目发展预期形成自身的判断，从而决定自己的投入程度。同时企业的激励方案也会对参与者的投入具有重要影响，在实物期权项目管理模式中就算项目最后被终止，通过提升参与者的内在动机和采用报酬激励也会显著增加其投入程度[⑤]。在众包活动中，由于每个企业所发布的任务各不相同，同时企业也会要求知识产权的专有性，要求问题解决者的提交方案具有原创性。因此问题解决者在每一个项目中的投入，都是属于专有性投资（specific investment），其工作投入程度最终会影响项目的绩效。具有特殊性的是，实物期权项目中参与者通常是合作关系，而众包中的问题解决者之间是相互竞争关系。所以对于众包的期权管理模式更要注重调动问题解决者参与积极性。

结合实物期权的特点，众包中企业的奖金期权方案具有两个方面的

---

① Kogut B. & Kulatilaka, N.. "Capabilities as real options," *Organization Science*, 2001 (12), pp. 744 – 758.

② Wang Heli & Lim, Sonya Seongyeon. "Real options and real value: The role of employee incentives to make specific knowledge investments," *Strategic Management Journal*, 2008 (29), pp. 701 – 721.

③ Ibid..

④ Becker G. S.. *Human capital: A theoretical and empirical analysis with special reference to education*, New York: Columbia University Press, National Bureau of Economic Research, 1975.

⑤ Wang, Heli & Lim, Sonya Seongyeon. "Real options and real value: The role of employee incentives to make specific knowledge investments," *Strategic Management Journal*, 2008 (29), pp. 701 – 721.

特点：（1）事前的非独占性。许多实物期权不具备所有权的独占性，它可能被多个竞争者共同拥有，因而可以共享。对于共享实物期权而言，它的价值不仅取决于影响期权价值的一般参数，而且还与竞争者可能的策略选择有关系。众包中的奖金期权选标之前，不独属于任何一名威客，所有参与者都共享中标的概率，项目的价值取决于问题解决者在竞争中的投入程度。（2）投标的先占性。先占性是非独占性所导致的，它是指抢先执行实物期权者可获得的先发制人的效应，结果表现在取得战略主动权和实现实物期权的最大价值。应用在众包中，它表现为问题解决者投稿的及时性，在方案质量相差不大的情况下，抢先交稿可以优先影响发包方的主观判断。

基于实物期权的逻辑方式为企业开展众包活动提供了良好的管理思路，然而与以往实物期权项目管理有所差异的是，众包活动中的管理对象是处于相互竞争关系的问题解决者群体。众包活动对于他们而言是争取奖金期权的任务竞赛，以下将对任务竞赛管理相关理论进行回顾。

二 任务竞赛设计（Tournament Design）

任务竞赛是通过奖项设计吸引参与者群体以积极的态度投入其中，实现竞赛设置者的目标。竞赛的应用非常的广泛，如日常生活中随处可见的体育、娱乐等活动。学术上对任务竞赛的相关理论一直有所关注，如经济学上长期对竞赛中均衡（equilibrium）问题有所关注，运营管理从供应管理上对供应商竞赛机制设计有所涉及①。与众包活动竞赛相关的可以从营销人员销售竞赛和开放创新竞赛两个相关方面的主题进行总结。

营销人员销售竞赛。营销学中对任务竞赛的关注主要是在销售力管理方面②，Kalra 和 Mengze③ 指出销售竞赛作为提升销售人员的努力程度、提

① Deng S. & Elmaghraby W.，“Parallel sourcing with a tournament，” *Productions Operation Management*，2005，14（2），pp. 252 – 276.

② Kalra A. and Mengze S.．“Designing optimal sales contests：A theoretical perspective，” *Marketing Science*，2001，20（2），pp. 170 – 193. Chen F. & Xiao W.，“Salesforce incentives and information screening：Individualistic vs. competitive schemes，” *Working paper*，Columbia University，New York，2005.

③ Kalra A. and Mengze S.．“Designing optimal sales contests：A theoretical perspective，” *Marketing Science*，2001，20（2），pp. 170 – 193.

升企业短期销售业绩的有效方式已经被广泛运用。通过解析模型（analytical model），他们研究得出一个比较有趣的结论，当销售的不确定因素越高时，企业在设计竞赛方案中应该扩大参与人员的规模，同时减少最终获胜人员的名额，赢者通吃（winner-take-all）的方案最优，因为可以充分调动销售人员的努力程度。竞赛方案的设计受销售人员的风险偏好类型、企业奖励预算额度、市场的不确定性等因素的影响。

然而销售竞赛与众包的活动竞赛有三个不同之处：（1）众包中的企业关注的是最终中标方案（也即最优方案）的绩效，而销售竞赛中企业关注的是整体的绩效。如在众包中的产品设计竞赛中，在101个方案中企业宁愿得到100个一般方案，但有一个方案是足够优秀的。而在销售任务竞赛中，营销部门宁愿101个人的整体绩效最好，而不是其中100个人表现很差，只有一个人表现优异。（2）众包中的参与都是基于自愿原则参与的，而企业销售竞赛中的参与者通常都是被迫参加的。（3）参与者之间的关系类型不同。众包中的问题解决者是彼此独立，由网络社区联结起来的分散式人群，相互之间处于竞争关系。而在销售竞赛中，销售人员相互认识，相互之间既有竞争也有合作。

开放创新竞赛。在开放创新（open innovation）背景下，企业开始注重借助外部资源，从外部选用研发方案代替内部的创新[①]。开放创新的早期都是依靠社区成员的利他动机和社区的声望需求[②]，或个人的兴趣爱好作为参与动机[③]。创新竞赛（innovation contest）则是在开放创新背景下，通过经济刺激的形式组织任务竞赛，鼓励企业外部的问题解决者相互竞争并向企业提交创新方案。这种创新竞赛模式已经被越来越多的企业所采用，如DuPount，Ely Lilly等大型国际企业均通过InnoCentive网站发布创新竞赛任务，它已成为近些年来解决企业研发（R&D）问题的有效补充模式。这种创新竞赛就是基于众包模式展开的，只是其任务类型集中在企业的内部研发创新上，众包还包括设计、文案策划等类型。

---

① Chesbrough H. . Open Innovation：*The new imperative for creating and profiting from technology.* Boston：Harvard Business School Press，2003；Von Hippel，Eric. *Democratizing Innovation*，Cambridge，Mass：MIT Press，2005.

② Loch C. H.，Huberman B. A.，Stout S. T.. "Status competition and performance in work groups，" *J. Econom. Behav. Organ.* 2000（43），pp. 35 – 55.

③ Von Hippel，Eric. *Democratizing Innovation*，Cambridge，Mass：MIT Press，2005.

通过提供奖金激励，吸引问题解决者（solver）参与，企业从开放创新中获取的收益集中在五个方面：（1）引导问题解决者之间相互竞争；（2）只支付选中的成功方案奖励，不对落选者有任何义务，未中标方案的投入风险由参与者自己承担；（3）企业直接面对的是具有专业技能的群体，问题直接由具有专业经验的参与者群体完成；（4）可以为企业节省成本；（5）创意可以得到直接检验（testing）。这些均是企业内部创新无法具有的优势。然而竞赛模式也存在自身的局限性，传统经济学观念认为群体活动会导致参与的个体存在投入不足的问题，但创新竞赛中提交方案的多样性可以弥补这一局限①。

通过对以上实物期权和任务竞赛相关文献的回顾，我们可以了解到众包是企业运用实物期权的项目管理思路，通过组织问题解决者的任务竞赛，以实现企业的任务发包目标。通过众包，企业可以借助外部智力资源，以节省经济、时间成本的形式解决企业发展中存在的困难。除经济、时间收益因素外，众包中企业需要达成两个目标：一是问题解决者的参与数量。吸引数量较多的参与者竞争，从中选取高质量的解决方案。二是问题解决者任务提交的积极性。问题解决者方案提交的及时性，可以代表其工作的努力程度，同时也可以为企业节省时间成本。根据销售竞赛和创新竞赛中存在的共同因素，以及在众包中企业可以控制的因素，我们可以总结出众包中企业可以运用的策略有任务难易程度、奖金额度、时间设计三种。不同于以往研究较多采用的解析模型方法②，本书通过二手数据对企业众包的策略进行直接检验。

---

① Terwiesch, Christian & Xu Yi. "Innovation contests, open innovation, and multiagent Problem Solving," *Management Science*, 2008, 54 (9), pp. 1529 - 1543.

② Kalra, A. and Mengze, S.. "Designing optimal sales contests: A theoretical perspective," *Marketing Science*, 2001, 20 (2), pp. 170 - 193; Terwiesch, Christian & Xu Yi. "Innovation Contests, Open Innovation and Multiagent Problem Solving," *Management Science*, 2008, 54 (9), pp. 1529 - 1543; Wang, Heli & Lim, Sonya Seongyeon. "Real options and real value: The role of employee incentives to make specific knowledge investments," *Strategic Management Journal*, 2008, 29, pp. 701 - 721; Archak, Nikolay & Sundararajan, Arun. "Optimal design of crowdsourcing contests," International Conference on Information Systems (ICIS), 2009, pp. 1 - 16.

第三节　研究框架与假设

在众包活动的开展中，企业作为发包方，通过自身的操作策略来吸引问题解决者的关注和参与，其策略的目标是提升问题解决者参与的积极性和多提交高质量的解决方案。发包方可以控制的因素为奖金额度、任务时间期限和任务的难易程度，其中的每种因素发包方都可以采取不同的策略。奖金策略的本质是发包方提供的一项期权，在任务开始时，对于每一名问题解决者而言，他们获得这一期权的概率是同等的。为吸引问题解决者的参与，发包方的奖金策略是通常保证选稿，履行奖金承诺，再根据方案的质量决定企业后续的开发措施。时间期限是竞赛中常用的策略，因为竞赛通常都通过在短期时间内运用一定的激励手段提升参与者的工作积极性，达到活动组织的目的。而难易程度不同的任务，所需工作量、参与者的投入程度也就相应具有差异，因此发包方在奖金和时间期限策略设计上有所区别。

结合以上关于任务竞赛的文献回顾，本研究提出框架模型如下：

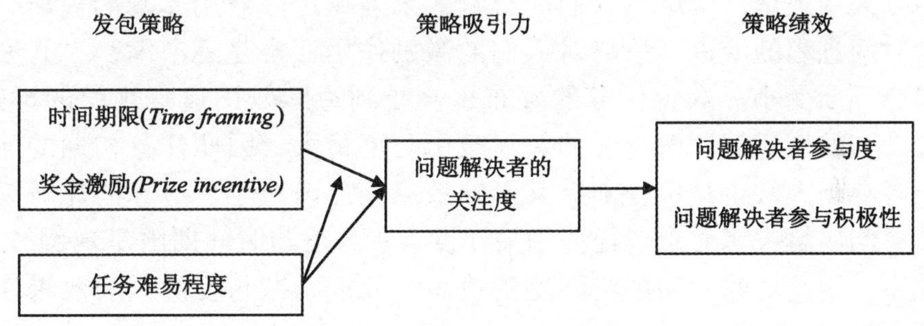

图4－1　发包方策略研究模型

一　奖金策略作用

任务奖金激励策略的影响效果。奖金策略是开展任务竞赛的常用激励手段①，同时根据对网络社区项目参与者的动机调查研究发现，外部性的

① Kalra A. and Mengze S.. "Designing optimal sales contests: A theoretical perspective," *Marketing Science*, 2001, 20 (2), pp. 170－193; Terwiesch, Christian & Xu Yi. "Innovation Contests, Open Innovation and Multiagent Problem Solving," *Management Science*, 2008, 54 (9), pp. 1529－1543.

经济动机是他们参与行为的重要影响因素①。因此在问题解决者具有经济性因素考虑的情况下，发包方的奖金额设置高就可以吸引到更多的关注者。发包方任务要求在类似的情况下，问题解决者参与奖金额高的项目的可能性更大，同时对任务投入的积极性和努力程度也会提高。

综上所述，对奖金激励策略的影响效果作出以下假设：

H1a：众包项目中，发包方的奖金额设置越高，项目引起问题解决者的关注程度越高；

H1b：众包项目中，发包方的奖金额设置越高，参与项目的问题解决者人数越多；

H1c：众包项目中，发包方的奖金额设置越高，问题解决者参与的积极性越高。

二 时间策略作用

任务时间期限策略的影响效果。任务竞赛项目通常都具有一定的时间期限，周期内不同的阶段任务策略的影响效果会有差异。根据经济学的边际效用理论，策略对人们的影响效果遵循边际效用递减的规律。即随着时间进程的演进，策略对人们的激励作用通常是逐渐缩小，其影响效果会不断变小。众包任务的发布也会受到边际效用递减规律的影响，任务发布初期对问题解决者的关注吸引程度最大，因此任务初期的问题解决者参与人数也最多，随后其影响效果会逐渐减小。边际的递减规律会使得问题解决者对众包任务的关注度、参与度与时间期限呈现倒“U”形关系。因此对时间期限与问题解决者关注度、参与度的影响效果作出以下假设：

H2a：众包项目中，问题解决者对项目的关注度与时间期限呈现倒“U”形关系，即问题解决者对项目的关注程度随时间的推移到达极值后会逐渐下降；

---

① Hars, Alexander & Ou Shaosong. “Working for Free? Motivations of participating in open source projects,” Proceeding of the 34th Hawaii International Conference on System Sciences, 2001, pp. 1 – 9; Bonaccorsi, Andrea & Rossi, Cristina. “Altruistic individuals, selfish firms? The structure of motivation in open source software.” *Working paper*, 2003; Roberts J. A., Hann I. H. & Slaughter S. A., . “Understanding the motivations, participation and performance of open source software developer: A Longitudinal study of the apache projects,” *Management Science*, 2006, 52 (7), pp. 984 – 989.

H2b：众包项目中，问题解决者对项目的参与度与时间期限呈现倒“U”形关系，即问题解决者对项目的参与度随时间的推移到达极值后会逐渐下降。

而对于参与到任务中的问题解决者而言，其对任务的选择初期只是获得一项奖金的期权，最终能否得到奖金取决于是否能够中标，发包方对于未中标的问题解决者不承担任何义务[①]。众包项目以知识创意型为主，问题解决者参与任务从开始投入的时间和精力对于其而言都是沉淀成本（sunk cost），同时每个企业的实际要求会有差异性，其投入属于专有性知识投资[②]。随着项目参与的时间越长，专有性投资累积的成本会越大，退出或放弃损失就会越大。问题解决者参与项目后期所形成的边际成本就会越高，通常人们都会有风险规避（risk aversion）的心理动机，因此问题解决者的参与积极性会随着参与时间演进而不断上升。因此，对时间期限与问题解决者参与的积极性作出如下假设：

H2c：众包项目中，问题解决者的参与积极性与时间期限呈正相关，即问题解决者的参与积极性随着时间推移不断增加。

三　任务类型策略作用

任务难易程度的影响效果。竞赛中的任务有难易之分，不同于企业内部的层级管理，众包活动开展是以去中心化、自由、民主的方式进行的。对于难度较大需要攻坚的任务，任务实施过程中沟通协调成本通常很高，只适合企业内部组织开发，不适合采用竞赛方式[③]，例如一些突破性技术多源自企业内部的组织开发。对于任务的控制感（control）和自主决定权

① Brabham Daren C.. “Crowdsourcing as a model for problem solving: An introduction and cases,” *Convergence: The International Journal of Research into New Media Techologies*, 2008, 14 (1), pp. 75 – 90.

② Wang Heli & Lim, Sonya Seongyeon. “Real options and real value: The role of employee incentives to make specific knowledge investments,” *Strategic Management Journal*, 2008, 29, pp. 701 – 721.

③ Ulrich K. T. & Ellison, D. J.. “Holistic customer requirements and the design-select decision,” *Management Science*, 1999, 45 (5), pp. 641 – 658; Novak, S. & Eppinger, S. D., “Sourcing by design: Product complexity and the supply chain,” *Management Science*, 2001, 47 (1), pp. 189 – 204; Mihm, J., Loch, C. & Huchzermeier, A., “Problem-solving oscillations in complex engineering projects,” *Management Science*, 2003, 49 (6), pp. 733 – 750; Terwiesch, Christian & Xu, Yi. “Innovation Contests, Open Innovation, and Multiagent Problem Solving,” *Management Science*, 2008, 54 (9), pp. 1529 – 1543.

(autonomy) 是对开放竞赛中参与者的重要吸引因素①。相对于难度较大的发包任务，简单任务所需的技巧、工作量较低，参与者对于任务的控制感也较强，因此更能引起他们的关注和参与，对任务投入的积极性也会越高。

因此，对于任务类型的影响效果作出如下假设：

H3a：众包项目中，任务难度与问题解决者的关注度呈负相关，即容易的任务更能引起问题解决者关注；

H3b：众包项目中，任务难度与问题解决者的参与度呈负相关，即容易的任务更能吸引问题解决者参与；

H3c：众包项目中，任务难度与问题解决者的参与积极性呈负相关，即容易的任务更能引起问题解决者参与的积极性。

四 策略的影响路径

发包策略的影响作用路径。发包方开展众包活动是想借助问题解决者群体的智慧解决问题，从众包活动流程来看，通过奖金策略、时间策略、任务难易程度策略实现发包方目标需要涉及三个流程：首先发包的任务必须能够引起问题解决者的关注，能激发其兴趣；其次在问题解决者关注的前提下，需要他们能够参与到项目当中；最后需要问题解决者以积极的参与态度保证所提交的方案质量，才能实现企业所需的目标。从以上策略影响的三个效果来看，问题解决者的关注度是发包方策略影响的第一步，同时也是问题解决者参与度和参与积极性的先行条件。发包策略的影响首先需要得到问题解决者群体的关注，而参与度和参与积极性才是实现发包方策略的真正目标。因此从奖金策略、发包策略、任务类型策略的影响路径来看，关注度是参与度和参与积极性的中介桥梁。因此，对发包方的奖金策略、时间策略、任务类型策略的影响路径作出以下假设：

H4：众包项目中，在奖金策略对（a）问题解决者参与度和（b）问题解决者参与积极性的影响过程中，问题解决者的关注度发挥中介影响的作用；

H4：众包项目中，在时间策略对（c）问题解决者参与度和（d）问

① Roberts J. A., Hann I. H. & Slaughter S. A.. "Understanding the motivations, participation and performance of open source software developer: A Longitudinal study of the apache projects," *Management Science*, 2006, 52 (7), pp. 984 -989.

题解决者参与积极性的影响过程中，问题解决者的关注度发挥中介影响的作用；

H4：众包项目中，在任务类型策略对（e）问题解决者参与度和（f）问题解决者参与积极性的影响过程中，问题解决者的关注度发挥中介影响的作用。

五　任务类型的调节影响

任务难易程度对奖金策略、时间策略效果的调节。吸引和调动参与者的积极性，是任务竞赛组织者通常想要达到的目标。实现此目标需要结合任务的类型，作出相应的策略调整，如在销售人员竞赛中，当市场不确定性越高时，给予销售人员更高的经济刺激，所达到的销售绩效越好①；在开放创新竞争中，任务所需技术的不确定性越大，更高的经济奖励也能达到更好的绩效②。众包活动的开展也同属任务竞赛，当任务的难度越大时，对于问题解决者的知识、投入等方面要求相应也会越高，因此奖金激励的作用效果也会越大。因此，任务类型对奖金策略的影响效果可以作出以下假设：

H5：众包项目中，任务难易程度对奖金策略的影响效果起到正向调节作用。也即奖金策略的影响效果受到任务难易程度的影响，相对而言，当任务难度越大时，奖金策略越能增加（a）问题解决者的关注度、（b）问题解决者的参与度和（c）问题解决者的参与积极性。

假设2在关于时间策略影响效果的分析中，前文已经进行了时间策略与问题解决者关注度、参与度呈倒“U”形关系的假设。根据行为决策理论，通常而言，简单的决策行为人们所需要的时间较少，面对困难的问题人们所需的决策时间会较长。当众包的任务较为困难时，问题解决者对于任务的关注和是否参与的决定所需的考虑时间也会越多，因此会延缓倒“U”形极值点的出现。而对于问题解决者的参与积极性而言，困难的任

---

① Kalra A. and Mengze S.. “Designing optimal sales contests: A theoretical perspective,” *Marketing Science*, 2001, 20 (2), pp. 170 – 193.

② Terwiesch, Christian & Xu Yi. “Innovation Contests, Open Innovation and Multiagent Problem Solving,” *Management Science*, 2008, 54 (9), pp. 1529 – 1543.

务投入较大，可以达到能力锻炼的目的[①]，同时退出成本也会越高。因此，任务类型对时间策略的影响效果可以作出以下假设：

H6：众包项目中，任务难易程度对时间策略的影响效果起到正向调节的作用。也即时间策略的影响效果受到任务难易程度的影响，相对而言任务难度越大时，时间策略越能增加（a）问题解决者的关注度、（b）问题解决者的参与度和（c）问题解决者的参与积极性。

第四节 研究方法

一 数据来源

样本选取和数据收集。本研究目的是检验发包方策略的作用机制和影响效果，因此发包方的实际案例情况数据检验最具可信度和说服力。采用实验法、问卷调查法操作过程中所受的影响干扰因素较多，二手数据的研究则可以克服这些问题，为此本研究拟采用关于发包方策略绩效影响的实际二手数据作为数据来源。众包模式的开展是基于互联网环境下，恰好众包平台上有着许多众包活动开展的交易记录。记载了任务内容、奖金额度、时间周期、关注者人数、提交方案者人数、中标者以及方案提交时间等信息。作为开放的数据源，通过抓取和转换，任何有兴趣的研究者均可以获得，可以作为本研究良好的数据来源。

众包平台数量较多，根据艾瑞调查显示，我国具有一定知名度的众包平台就有 11 家，所以对数据源的选择要进行综合思考。经过对比数据记录的全面性、平台影响力、参与者的数量、经营规模等综合因素，我们选取了中国最大的综合型众包平台——猪八戒网作为唯一的数据来源，同时可以有效将平台促销等外生性影响因素控制起来。猪八戒网在我国众包市场上的使用率高达 73.5%，是最大型的威客和任务发包方交易平台，因此猪八戒网上的发包方策略具有全面的代表性。

猪八戒平台上的任务类别多达 28 种，日均交易额近百万元，日均交易数量近千件，数据量庞大，完成所有的数据收集十分困难。为此，本研究采取随机抽样的形式选中“标识设计”作为类别样本，选取了 2011 年 7

① Hars, Alexander & Ou Shaosong. “Working for Free? Motivations of participating in open source projects,” Proceeding of the 34th Hawaii International Conference on System Sciences, 2001, pp. 1 – 9.

月发生的243件发包任务作为数据样本。剔除7件数据不全的任务，最终有效样本236件，有效率为97.11%。

变量测量。本研究涉及的变量包括6个：奖金策略、时间策略、任务难易程度、问题解决者的关注度、问题解决者的参与度以及问题解决者的参与积极性。

奖金策略。测量直接采用发包方的任务出价，同类任务发包方出价有高低之差，实际任务标价是奖金策略最真实的测量。

时间策略。测量直接采用任务的周期，发包方对于任务时间期限的设置具有差异性，问题解决者需要在有效的规定时间内完成任务，时间要求比较有长短之分，任务从开始到结束的周期是时间策略的实际反映。

任务难易程度。测量采用主观编码形式，“0”表示简单任务，“1”表示困难任务。首先对任务发包方的任务说明进行了详细的阅读，根据观察发包方在进行任务说明时，简单的任务通常只就任务需求作简洁的说明，复杂的任务则采用附件和任务补充的形式进行详细讲解。经过与专业设计人士交流，他们也赞同此判断。为此我们将没有附件、任务补充说明的任务归类为简单的任务，其余的则记为复杂任务。

问题解决者关注度。测量采用对任务关注和浏览者人数，问题解决者通常只关注自己能够参与和感兴趣的任务。在猪八戒网任务栏中有奖金额度、时间期限、任务标题的说明，威客会根据兴趣选择关注，平台会对此形成记录。因此浏览者人数可以作为威客关注度的有效测量。

问题解决者参与度。测量采用任务问题解决者提交的方案数，根据发包方的任务要求，参与到任务当中的问题解决者都会以提交方案的形式竞争奖金，平台对于提交的方案会给予记录和展示。所以提交的方案数量是问题解决者参与度的真实反映。

问题解决者参与积极性。测量采用中标者方案提交时间在所有参与者中的排序。对于发包方而言，真正有意义的是最后中标的方案。而对于问题解决者，提早提交方案意味着可以领先影响发包方的判断，完成方案需要付出积极的努力。参与积极性的取值范围为0—1，值越大表示提交得越晚。同时借鉴Yang A. Adamic 和 S. Ackerman① 的研究，他们对于问题解决

① Lada A. & Ackerman, Mark S., “Crowdsourcing and knowledge sharing: Strategic user behavior on Taskcn,” Proceedings of the 9th ACM conference on Electronic commerce, 2008.

者参与积极性的测量也是采用此标准。为便于数据趋势的统一，我们采用了公式“1 – 中标者提交方案顺序基数”的形式进行了交换，值越大表明威客参与积极性越强。

二 模型构建

分析方法。我们在获得的数据基础上，构建了主效应检验、中介变量检验和调节变量检验回归方程。由于数据波动较大，为了消除数据的波动性影响，我们对相关数据进行了 log 处理，全部以 e 为底数①。log 化处理对变量之间的关系没有影响，有利于结论的稳定性。

（1）主效应检验：检验 H1、H2、H3 中奖金策略、时间策略、任务类型策略的独立影响。

方程一：$\log_{问题解决者关注度} = C1 + \beta_{11}\log_{奖金策略} + \beta_{12}\log_{时间策略} * \log_{时间策略} + \beta_{13}任务类型 + \beta_{14}\log_{时间策略}$

方程二：$\log_{问题解决者参与度} = C2 + \beta_{21}\log_{奖金策略} + \beta_{22}\log_{时间策略} * \log_{时间策略} + \beta_{23}任务类型 + \beta_{24}\log_{时间策略}$

方程三：$\log_{问题解决者参与积极性} = C3 + \beta_{31}\log_{奖金策略} + \beta_{32}\log_{时间策略} + \beta_{33}任务类型$

（2）中介效应检验：检验 H4 中发包方策略的影响效果的路径中问题解决者关注度的中介影响作用。

方程四：$\log_{问题解决者参与度} = C4 + \beta_{41}\log_{奖金策略} + \beta_{42}\log_{时间策略} * \log_{时间策略} + \beta_{43}任务类型 + \beta_{44}\log_{威客关注度}$

方程五：$\log_{问题解决者参与积极性} = C5 + \beta_{51}\log_{奖金策略} + \beta_{52}\log_{时间策略} + \beta_{53}任务类型 + \beta_{54}\log_{威客关注度}$

（3）调节效应检验：检验 H5、H6 中任务类型对奖金策略、时间策略效果的调节影响作用。

方程六：$\log_{问题解决者关注度} = C6 + \beta_{61}\log_{奖金策略} + \beta_{62}\log_{时间策略} * \log_{时间策略} + \beta_{63}任务类型 + \beta_{64}\log_{奖金策略} \cdot 任务类型 + \beta_{65}\log_{时间策略} * \log_{时间策略} * 任务类型$

---

① Terwiesch, Christian & Xu Yi. “Innovation Contests, Open Innovation, and Multiagent Problem Solving,” *Management Science*, 2008, 54 (9), pp. 1529 – 1543; Yang, Jiang, Adamic, Lada A. & Ackerman, Mark S.. “Crowdsourcing and knowledge sharing: Strategic user behavior on Taskcn,” Proceedings of the 9th ACM conference on Electronic commerce, 2008; Kalra A. and Mengze S. “Designing optimal sales contests: A theoretical perspective,” *Marketing Science*, 2001, 20 (2), pp. 170 – 193.

方程七：$\log_{问题解决者参与度} = C7 + \beta_{71}\log_{奖金策略} + \beta_{72}\log_{时间策略} * \log_{时间策略} + \beta_{73}任务类型 + \beta_{74}\log_{奖金策略} * 任务类型 + \beta_{75}\log_{时间策略} * \log_{时间策略} * 任务类型$

方程八：$\log_{问题解决者参与积极性} = C8 + \beta_{81}\log_{奖金策略} + \beta_{82}\log_{时间策略} + \beta_{83}任务类型 + \beta_{84}\log_{奖金策略} * 任务类型 + \beta_{85}\log_{时间策略} * 任务类型$

根据 Aiken 和 West（1991）的研究建议，我们采取去中心化方法（mean-centered method）对调节交互项进行了相关处理。各系数与对应的假设检验见下表 4－1。

表 4－1　发包方策略研究中各假设对应的系数

系数	检验的假设	对应问题
β_{11}	H1a	奖金策略对问题解决者关注度的影响
β_{21}	H1b	奖金策略对问题解决者参与度的影响
β_{31}	H1c	奖金策略对问题解决者参与积极性的影响
β_{12}	H2a	时间策略对问题解决者关注度的影响
β_{22}	H2b	时间策略对问题解决者参与度的影响
β_{32}	H2c	时间策略对问题解决者参与积极性的影响
β_{13}	H3a	任务类型策略对问题解决者关注度的影响
β_{23}	H3b	任务类型策略对问题解决者参与度的影响
β_{33}	H3c	任务类型策略对问题解决者参与积极性的影响
β_{41}、β_{44}	H4a	问题解决者关注度在奖金策略和参与度之间的中介作用
β_{51}、β_{54}	H4b	问题解决者关注度在奖金策略和参与积极性之间的中介作用
β_{42}、β_{44}	H4c	问题解决者关注度在时间策略和参与度之间的中介作用
β_{52}、β_{54}	H4d	问题解决者关注度在时间策略和参与积极性之间的中介作用
β_{43}、β_{44}	H4e	问题解决者关注度在任务类型策略和参与度之间的中介作用，
β_{53}、β_{54}	H4f	问题解决者关注度在任务类型策略和参与积极性之间的中介作用
β_{64}	H5a	任务类型在奖金策略与问题解决者关注度间关系的调节作用
β_{74}	H5b	任务类型在奖金策略与问题解决者参与度间关系的调节作用
β_{84}	H5c	任务类型在奖金策略与问题解决者参与积极性间关系的调节作用
β_{65}	H6a	任务类型在时间策略与问题解决者关注度间关系的调节作用

续表

系数	检验的假设	对应问题
β_{75}	H6b	任务类型在时间策略与问题解决者参与度间关系的调节作用
β_{85}	H6c	任务类型在时间策略与问题解决者参与积极性间关系的调节作用

第五节　假设检验

我们采用SPSS统计软件对数据进行分析，首先各变量的描述统计分析结果见下表4－2。

表4－2　发包方策略研究描述性统计分析结果

变量	Mean	S. D.	奖金策略	时间策略	任务类型	问题解决者关注度	问题解决者参与度	问题解决者参与积极性
奖金策略	178.89	211.41	1					
时间策略	4.58	2.53	0.296***	1				
任务类型	0.52	0.50	0.0440	0.0090	1			
问题解决者关注度	1140.49	785.78	0.356***	－0.232***	0.199**	1		
问题解决者参与度	24.13	19.96	0.268***	－0.274***	0.0300	0.768***	1	
问题解决者参与积极性	0.66	0.30	－0.08	0.138*	－0.0380	－0.170***	－0.253***	1

注：*：$p<0.05$；**：$p<0.01$；***：$p<0.001$

主效应检验与分析。表4－3可以看出假设1中，除H1c外其余两个假设均得到了支持。奖金策略可以有效正面提升问题解决者的关注度和参与度，但是对于中标者的参与积极性影响虽然显著，但是方向是负的。β_{31}系数显著为负，与原假设H1c恰好相反。问题解决者的参与动机包括外部性、内部性和内化的外部性三种①，研究一结论也表明了奖金激励只是其

① Roberts J. A., Hann I. H. & Slaughter S. A.. "Understanding the motivations, participation and performance of open source software developer: A Longitudinal study of the apache projects," *Management Science*, 2006, 52 (7), pp. 984－989.

部分的参与动机，能力锻炼和学习等其他动机同样具有重要影响。当威客的参与的目的只是为了满足其业余爱好，享受帮助他人带来的成就感时，奖金刺激的作用可能与此相反，所以出现了奖金激励与中标问题解决者参与积极性显著为负的情形。但是从奖金策略的总体影响效果来看，奖金策略显著吸引了更多的关注者和参与者，可以保证方案的多样性。

时间策略的影响效果与原假设相符，H2 全部得到了验证。问题解决者关注度、参与度与时间设置周期呈倒“U”形关系，活动初期问题解决者群体的关注和参与积极性会比较高，而到后期则会显著下降。但是中标者的参与积极性与时间设计正相关，越到后期其参与的积极性反而会增加，需要为其提供一定的充裕时间。

任务类型策略的影响与原假设相反，H3 未能得到验证。原假设认为越简单的任务越能引起问题解决者的关注、参与和投入积极性。从表 4－3 中可以看出只有 β_{13} 显著，并且显著为正，与原假设的方向相反。说明了任务类型对问题解决者是否选择参与（$\beta_{23}=0.083$，$p>0.157$）和投入多少精力（$\beta_{33}=-0.027$，$p>0.672$）到其中并无联系，反而是具有难度的任务更能引起问题解决者的关注。研究一中对问题解决者的参与动机研究表明，能力锻炼和挑战自我的动机会影响其参与行为。简单的任务只是对问题解决者原有知识、技能的重复简单应用，其从任务的参与过程中不能够得到预期的锻炼目的，所以简单的任务可能难以激发参与的热情，导致了假设 3 与预期的不符。

中介效应检验与分析。H4 假设奖金策略、时间策略、任务类型策略的影响效果受到问题解决者关注度的中介作用。首先我们作了问题解决者关注度对参与度（$\beta=-0.194$，$t=-3.017$，$p>0.003$）、参与积极性（$\beta=0.783$，$t=19.247$，$p>0.000$）的影响分析，问题解决者的关注度对于后两者的影响均为显著。结合主效应的三个方程，从表 4－3 中可以看出，除 H4e、H4f 外，假设 4 均得到了验证。由于任务类型对参与度（$\beta_{23}=0.083$，$p>0.157$）和参与积极性（$\beta_{33}=-0.027$，$p>0.672$）无主效应影响，因此对其中介检验也就相应无意义。在方程四和方程五中，β_{41}（$t=-0.323$，$p>0.747$）和 β_{51}（$t=-1.514$，$p>0.108$）均不显著，可以说明问题解决者的关注度对奖金策略的影响起着完全中介的作用。同样 β_{42}（$t=-1.054$，$p>0.239$）和 β_{52}（$t=0.892$，$p>0.374$）也均不显著，说明问题解决者的关注度对时间策略的影响也同样起着完全中介的作用。因此在众包活动中，发包方首先需要做的是吸引问题解决者群体的关注，要注重策略表层的影响效果；其次是注重策略对于参与者的深度影响。

表 4－3　　发包方策略研究中主效应和中介效应检验

	方程一	方程二	方程三	方程四	方程五
	$Log_{威客关注度}$	$Log_{威客参与度}$	$Log_{威客参与积极性}$	$Log_{威客参与度}$	$Log_{威客参与积极性}$
$log_{奖金策略}$	0.474***（β_{11}，vH1a）	0.360***（β_{21}，vH1b）	－0.184*（β_{31}，H1c）	－0.016（β_{41}，vH4a）	－0.123（β_{51}，vH4b）
$log_{时间策略}$	－0.141（β_{14}）	0.010（β_{24}）	0.120*（β_{32}，vH2c）		0.066（β_{52}, vH4d）
$log_{时间策略}$ * $log_{时间策略}$	－0.298*（β_{12}，vH2a）	－0.389*（β_{22}，vH2b）		－0.153（β_{42}, vH4c）	
任务类型	0.194***（β_{13}, H3a）	0.083（β_{23}, H3b）	－0.027（β_{33}, H3c）	－0.071（β_{43}, vH4e）	－0.002（β_{53}，vH4f）
$Log_{威客关注度}$				0.793***（β_{44}）	－0.228**（β_{54}）
R^2（adjusted）	34%	29.9%	25%	61%	42%

注：*：$p<0.05$；**：$p<0.01$；***：$p<0.001$；v 表示假设得到验证，下同。

调节效应检验与分析。首先需要构建调节效应检验的主效应方程，调节效应的检验不仅是看交互项系数是否显著，同时还应对比分析模型的解释度是否得到有效提高。由于调节变量是任务类型，两个自变量为奖金策略和时间策略，所以方程一、二、三分别是方程六、七、八的基准方程。从模型的解释度来看，调节效应方程的解释度均得到了显著提升，因此对于调节效应的检验只需要考察交互项系数。

H5、H6 假设奖金策略、时间策略的影响效果受到任务类型的调节，不同类型的任务奖金、时间策略发挥的影响作用有差异。原假设认为奖金、时间策略随着任务难度的增加，其对威客的关注度、参与度和参与积极性的影响作用越明显。然而从表 4－4 中系数的检验可以看出，原假设 5、6 均未得到验证。奖金策略、时间策略对于问题解决者关注度的影响不受任务类型的调节，β_{64}（$t=-1.066$，$p=0.287$）和 β_{65}（$t=-1.288$，$p=0.199$）均不显著，说明了问题解决者选择关注任务时只受到奖金策略和时间策略的影响，任务难易程度不影响关注度。对于任务的关注并不意味着一定要参与其中，所以任务的难易程度对奖金策略、时间策略的影响效果无调节作用，也合乎逻辑。

只有 H5b（$\beta_{74} = -0.157$，$t = -2.724$，$p > 0.007$）、H6c（$\beta_{85} = -0.101$，$t = -2.507$，$p > 0.033$）的系数项的影响效果显著，但影响的方向与预期相反。也即任务类型在奖金策略和问题解决者参与度的关系中，时间策略和问题解决者参与积极性的关系中，分别起到了反向调节作用。这与常识认为对于越难的任务应该给予的奖金激励越高和时间期限越宽裕的认识恰好相反。任务类型的反向调节，说明了问题解决者选择任务后，其后续的行为并不会根据任务的难易程度而区别对待。发包方选择众包模式，节省成本是目的之一，因此众包中的奖金额度相对于市场价通常都要低。参与到任务当中表明问题解决者对于奖金额度表示了认同，因此奖金额度高低就不会是其后续行为的主要影响因素。所以任务类型在奖金策略和参与积极性之间的关系中的调节作用不显著（$\beta_{84} = -0.011$，$t = -0.164$，$p = 0.870$），假设 H5c 未得到验证能得到合理解释。在普通的销售竞赛中，任务难度越大时，奖金上的激励会显著提升人们参与的可能性①。因为任务越难，参与人员的付出会越多，所以给予的补偿也应该相应增加。此类企业内部组织的竞赛，对参与者具有强制性，并非由其兴趣爱好自由选择参加，对于参与者来说奖金是其主要动力。而众包中问题解决者选择难度较大的任务，能力锻炼、挑战自我和学习新的知识通常是其主要的动机②。研究一中关于问题解决者参与动机的研究也表明对于简单的任务，参与主要是受奖金吸引，所以任务类型对奖金策略和参与度起到了反向调节作用。对于发包方而言，发布难度较大的任务时，要充分调动问题解决者的内部性动机，而非简单的以经济刺激为主。

原假设 H6b 认为虽然时间策略与参与度之间呈倒“U”形关系，但是如果任务难度增加，倒“U”形的极值点出现会延缓，从而向右推移。也即任务类型会正向调节时间策略与问题解决者参与度之间的关系。但 β_{75}

---

① Kalra A. and Mengze S.. “Designing optimal sales contests: A theoretical perspective,” *Marketing Science*, 2001, 20 (2), pp. 170 – 193.

② Hars, Alexander & Ou Shaosong. “Working for Free? Motivations of participating in open source projects,” Proceeding of the 34th Hawaii International Conference on System Sciences, 2001, pp. 1 – 9; Roberts, J. A., Hann I. H. & Slaughter S. A.. “Understanding the motivations, participation and performance of open source software developer: A Longitudinal study of the apache projects,” *Management Science*, 2006, 52 (7), pp. 984 – 989.

（t = −0.420，p = 0.675）不显著，H6b 的假设未能得到支持。这可能是因为难度较大的任务完成所需时间也会相对较长，因此在是否选择参与的决策上，问题解决者需要提前定夺，所以“U”形极值点未能向右推移。而 H6c 假设任务难度越大，给予问题解决者完成任务的时间越充裕，越有利于提高其参与的积极性。但 β_{85}（t = −2.507，p > 0.033）显著为负，与原假设正好相反。这可能与众包中的任务特点有关，传统的工业生产是任务难度越大，通常耗时越多。而众包中的任务以知识创意型为主，其生产的特点是“难者不会，会者不难”，问题解决者通常是具有专业知识技能的人才。任务的完成关键在于其对待任务的态度，态度决定其投入的积极性。当问题解决者选择参与后，难度较大的任务更容易激发其内在的自我挑战动机，从而提升其参与积极性和缩短任务完成时间，所以任务类型在时间策略和参与积极性之间起到了反向调节作用。发包方在时间策略上，对于难度较大的任务反而可以缩短时间周期，更大地激发问题解决者参与的积极性，可以收到意料之外的效果。

表 4－4　发包方策略研究中调节效应检验

调节效应的检验方程	方程六	方程七	方程八
	$Log_{问题解决者关注度}$	$Log_{问题解决者参与度}$	$Log_{问题解决者参与积极性}$
$log_{奖金策略}$	0.477 （β_{61}）	0.362 （β_{71}）	−0.184** （β_{81}）
$log_{时间策略}$			0.123* （β_{82}）
$log_{时间策略}$ * $log_{时间策略}$	−0.428 （β_{62}）	−0.374 （β_{72}）	
任务类型	0.246 （β_{63}）	0.100 （β_{73}）	−0.028 （β_{83}）
$log_{奖金策略}$ * 任务类型	−0.056 （β_{64}，H5a）	−0.157** （β_{74}，H5b）	−0.011 （β_{84}，H5c）
$log_{时间策略}$ * $log_{时间策略}$ * 任务类型	−0.085 （β_{65}，H6a）	−0.030 （β_{75}，H6b）	
$log_{时间策略}$ * 任务类型			−0.101* （β_{85}，H6c）
R^2（adjusted）	44.3%	36.1%	31%

第六节　研究结论

以上采用二手实际数据对众包模式中发包方的奖金策略、时间策略和任务类型策略效果进行了检验分析，以下将对三种策略的实际效果分别进行总结。

奖金策略的影响效果。奖金策略对问题解决者的关注度、参与度和参与积极性均有显著性影响。奖金额度越高，越能吸引到更多的关注者和参与者。但是奖金策略并不能显著提升中标者的参与积极性，相反奖金策略对于中标问题解决者参与的积极性甚至还有负面的影响。这一结论与常识截然相反，至少从某种程度说明了，发包方单凭奖金策略并不能调动核心问题解决者的参与积极性，还有其他因素在影响着威客的参与积极性。参与到众包中的问题解决者虽然数量众多，以本研究为例，平均每项众包活动提交方案的数量有24.19人，但对于发包方而言最重要的是中标者。因此中标者参与积极性对企业开展众包活动具有最重要的影响，因为它决定所得方案的质量，关系到企业的问题能否得到有效的解决。高额的奖金虽然能吸引问题解决者的关注，但是并不能真正有效调动核心问题解决者参与的积极性。因此发包方不能仅靠高额的奖金实现其目标，还需要有其他辅助措施来调动威客的任务投入积极性。

而对于难易程度不同的任务，奖金策略的影响差异体现在问题解决者参与度方面。根据本研究结论，任务的难易程度起着负向调节作用，说明难度较大的任务吸引问题解决者的参与，奖金策略起到的影响作用反而会减小。对于简单的任务，奖金策略则是吸引问题解决者参与的良好手段。问题解决者参与到难度较大的任务当中，很多的是想锻炼自己的个人能力、挑战自我，外部的经济性动机并不是主要驱动因素①。所以如果发包方的任务难度较大的话，要想吸引问题解决者的参与和投入积极性，仅仅依靠奖金策略难以达到此效果。

---

① Hars, Alexander & Ou Shaosong. “Working for Free? Motivations of participating in open source projects,” Proceeding of the 34th Hawaii International Conference on System Sciences, 2001, pp. 1 –9; Roberts J. A., Hann I. H. & Slaughter S. A., “Understanding the motivations, participation and performance of open source software developer: A Longitudinal study of the apache projects,” *Management Science*, 2006, 52 (7), pp. 984 –989.

以上分析可以回答本研究提出的第一个问题："企业应该如何设计奖金方案？是否越高的奖金额度，就越能实现企业的发包目标？"奖金策略只能引起问题解决者的关注，但对于问题解决者的实际参与行为和投入到众包任务中的积极性，并不能起决定性作用。但从策略影响的路径来看，关注度起着中介桥梁作用。所以，如果发包方的任务简单，奖金策略则可以发挥良好的影响效果，帮助其达成目标。而对于难度较大的任务，奖金策略起到的影响作用则不大，需要关注问题解决者内部性参与动机需求的满足和强化。在现有众包模式中，发包方在奖金设置时通常只考虑到了金钱的形式，而发包方更应该同时考虑声誉、个人能力认可等精神非物质层面的奖金组合策略，以达到奖金策略的最佳影响效果。

时间策略的影响效果。时间策略对问题解决者关注度、参与度和参与积极性同样有显著性影响。其中关注度、参与度与任务时间周期呈现倒"U"形关系，如果将任务周期划分成前、后两阶段的话，说明通常在众包任务前期，问题解决者的关注度、参与度是最高的，后期则会不断下降。发包方需要抓住任务前期参与者数量分布的这一特征，多与参与者交流，吸引他们尽早真正参与到任务中来，为任务的完成赢得充足的时间。而在任务后期，在问题解决者关注和参与者不多的情况下，做好提交方案的筛选工作。宽裕的时间期限设置，可以给予问题解决者更多的自由感。从中标者的参与积极性来看，总体上适当宽裕的时间有助于其参与积极性的提升。

对于难易程度不同的任务，时间策略差异性的影响效果体现在问题解决者参与积极性上，难易程度起着反向调节作用。说明对于难度较大的任务，要提高中标者的参与积极性，不能设置太过宽松的时间期限，紧凑的时间期限反而更能起到正面的效果。这可能归因于时间压迫感反而更能激发参与者的挑战自我热情，达到良好的效果。对于一般简单类型的任务，可以设置较为宽松的时间期限，吸引更多的参与者，保证提交方案的基数，扩大发包方的选择余地。因为对于简单的任务而言，参与者通常都具备完成任务的能力和素质，方案的多样化可以保证结果的质量。

故此可以回答本研究所提的第二个问题："发包方应该如何设计时间策略？问题解决者对于任务的关注、参与和时间策略呈现何种关系？"时间策略与关注度、参与度呈现倒"U"形关系。从总体上来说时间期限越长，越有利于问题解决者参与积极性的提升。但对于难度较大的任务，宽裕型时间策略反而起着相反的效果，因此应该设置紧凑型时间期限。而对于简单的任务，则可以设置较为宽裕的时间期限。

任务难易程度的影响效果。众包的任务可以简单划分为难易两种类型。从影响效果上来看，任务难易程度对问题解决者关注度具有直接影响，而且反而是越难的任务，关注的人数越多。这与 Terwiesch 和 Xu[①] 中的研究结论相反，他们指出复杂类型的任务不适合采用开放竞赛的模式。同时进一步说明了众包模式中问题解决者参与动机中学习和能力锻炼的重要性。对于众包任务的参与选择不受任务类型的影响，则进一步说明了问题解决者对于众包活动的参与是基于个人兴趣爱好。任务难易程度以调节性影响作用为主，而且均为反向调节作用，对于难度较大的任务高额的奖金策略和宽松的时间策略均难以达到预期的效果，应通过任务沟通策略充分调动威客的内在参与动机。

对此的分析则可以直接回答本研究的第三个问题："不同类型的任务，发包策略应该如何设置?"简单类型的任务可以采用高额的奖金策略和宽松的时间策略，从而吸引到更多的参与者；难度较大的任务，则应该设计与之相反的策略，充分调动威客内在的参与动机。

第七节　研究意义

一　理论意义

由于众包模式的开展是在开放式创新和社会化生产环境下进行的，同时众包活动的开展是基于任务竞赛形式开展的，发包方是基于实物期权逻辑指导进行的，因此本研究具有以下四方面的理论意义：

（1）丰富了开放式创新的理论研究。众包活动也是基于开放式创新中的任务竞赛模式[②]，本研究采用实际二手数据对众包活动的发包策略效果进行了检验分析，得出不同任务类型具体采用何种策略方式的结论。以往的研究，对于奖金策略影响效果的推导，则是在限定各种约束条件下进行的，同时缺乏对于时间策略效果的考虑，本研究则是有效的补充。

---

① Terwiesch, Christian & Xu Yi. "Innovation Contests, Open Innovation and Multiagent Problem Solving," *Management Science*, 2008, 54 (9), pp. 1529 – 1543.

② Ibid.

（2）丰富了社会化生产的理论研究。以往的社会化生产研究，较多的是集中在共享式生产（common peer production）背景下，如开放源代码软件的生产，参与者均是以合作、共同享受成果的形式进行的。而众包同样是群体生产，但参与者是处于相互竞争的关系。本研究对众包模式中发包方策略的研究，就如何有效协调竞争式的社会化生产进行了回答，因此丰富了社会化生产的相关文献。

（3）拓展了任务竞赛相关理论研究。以往任务竞赛通常是企业内部组织的竞争，或组织外部供应商竞赛[①]。或者基于网络社区组织的开放创新竞争，参与者根据兴趣义务参加[②]。然而本研究中众包的任务竞赛，则是以奖金期权形式进行的，是任务竞赛相关理论研究的新情形，因此丰富了任务竞赛的文献。

（4）拓展了实物期权理论。实物期权理论运用于项目管理中已经较为常见[③]，但是用于网络社区中的任务竞赛则较为少见。基于实物期权逻辑的奖金设计，将该理论运用于众包项目管理中，是对该理论应用的有效拓展。

二　实践意义

随着众包市场规模的不断扩大，越来越多的企业采用众包模式，借助外部的智力资源解决日常经营中存在的问题。对于一些中小型企业而言，虽然其数量众多，但企业自身财力、物力、人力等资源均有限，无法完全依靠内部解决所有经营问题。众包模式为中小型企业发展提供了有效的节省成本的问题解决模式；而对于一些大型企业而言，在一些创新、研发的问题上，研究人员的知识、思维模式通常具有定式，可能无法有效解决一些面临的问题，或者内部解决需要花费更多的时间和精力。众包模式为它们提供了群体性智慧，提供了获取外部多样化知识和创意的模式。以上研究结论可以直接为企业开展众包活动提供策略指导，以下几个方面可以进

① Green J. R. & Stokey N. L. . "A comparison of tournaments and contracts," *J. Political Econom.* 1983, 91 (3), pp. 349 – 364.

② Terwiesch, Christian & Xu Yi. "Innovation Contests, Open Innovation and Multiagent Problem Solving," *Management Science*, 2008, 54 (9), pp. 1529 – 1543.

③ Wang Heli & Lim, Sonya Seongyeon. "Real options and real value: The role of employee incentives to make specific knowledge investments," *Strategic Management Journal*, 2008 (29), pp. 701 – 721.

一步供企业思考。

（1）发包方应该充分了解众包模式的特点。不同于企业内部开展的竞赛活动，众包中问题解决者以自愿参与为准则，其提供的产品或服务以知识创意为主，企业提供的奖金激励只是一项期权。首先，问题解决者的参与基于自身的兴趣爱好，问题解决者群体属于知识型人才，需求动机可能更注重高层次的精神层面，发包方要善于与此类群体沟通交流；其次，众包的对象是知识创意型产品，企业的任务是提交方案质量的判断和在众多的提交方案中选出最优者，因此发包方需要建立一定的评判准则，提高参与者的公平感知；最后，除了期权式的奖金激励外，发包方还应该结合一些其他类型的措施给予参与者固定奖励，吸引更多的参与者。

（2）发包方应当充分了解和掌握威客的参与动机，提供相应的策略。研究一的结果表明威客的参与动机包括内部性动机、外部性动机和内化的外部性动机三种类型，多达 16 种具体动机。同时本研究也表明，奖金策略和时间策略并不能完全有效地吸引问题解决者的参与，奖金策略和时间策略只代表了外部性动机和内化的外部性动机的激发手段。奖金虽然能吸引问题解决者的关注，但并不能持续维持问题解决者的参与热情。对于一些难度较大的任务，很多问题解决者是基于挑战自我、学习的动机参与的，发包方在众包任务布置时要采取适当的策略激发这一动机。因此发包方需要了解问题解决者有哪些参与动机，才能提供相应的策略方案。

（3）发包方奖金策略应该进行物质和非物质层面的组合设计，提升奖金策略的影响效果。在企业现有的奖金策略中，以金钱类型的激励方式为主。本研究已经证明了钱物形式的奖励手段，并不能有效提升核心问题解决者的参与积极性，反而起到了相反的作用，并不能实现发包方拟达到的效果。因此在奖金方案中，应当考虑与非物质层面的奖励相结合，如以中标问题解决者的名字命名某项企业的方案，给予中标者声誉、成就感等的奖励。研究一关于问题解决者参与动机的研究表明，问题解决者的各种动机可以互相促进。因此在奖金方案中，物质性和非物质性奖励的结合，可以发挥更大的影响效果。

（4）发包方应当考虑任务难易程度，对于有难度的任务要充分调动问题解决者的内部动机。对于不同类别的任务，发包方的策略应体现差异性，才能达到最优的效果。本研究表明，对于简单的任务，奖金策略和时间策略就可以达成目标。而对于难度较大的任务，此两种策略难以达到效果。难度较大的任务通常对于企业发展而言也是比较重要的，因此需要进行认真规划。对于难度较大的任务，问题解决者参与其中可以提升个人能力、获得成就感，此时追求的并非仅仅是奖金，而是要靠内部动机提升其参与积极性。

（5）对于未中标的威客，也应给予非物质上的奖励，吸引更多的参与者。众包模式中通常发包方对于未中标问题解决者，不承担任何责任和义务，这也是吸引企业进行众包活动的原因之一，可以为企业节省经济成本。然而从提高众包活动的效果来看，对于未中标的问题解决者，也给予一定的补偿可以吸引更多的参与者，参与者的人数是企业获得方案基数的保证。对于未中标威客的补偿可以是非经济形式的，如众包平台方应该给予名誉、等级认证等形式的心理补偿。

第五章　研究三：平台方治理机制研究

第一节　引言

一　众包平台发展背景

众包模式是互联网上一股新生的力量，其势头方兴未艾，正扮演着一个将知识转化为经济效益的知识市场角色，符合知识经济时代的发展要求。在众包模式的发展中知识流和资金流是其保持着旺盛的生命力的血液，源源不断的知识流和资金流使众包模式保持着强劲的发展势头。其中，知识流由问题解决者群体供给和创造，资金流则代表着发包方企业对问题解决者群体提供知识服务的需求。问题解决者和发包方都是分散式的（distributed），双方的客观存在也比众包模式历史悠久，因此没有相应的中介（intermediary）将具有需求的双方聚集起来，这也是以往众包模式未得到良好发展的重要原因。在众包模式中，平台方（platform）发挥着沟通桥梁的重要角色，是问题解决者和发包方交易达成的关键性影响因素。Web 2.0提供的互联沟通技术使得各种社区平台迅速发展，为具有共同兴趣爱好的群体提供沟通场所[①]，众包平台也是在此背景下产生的。

众包模式自从产生后立即得到迅速发展，据艾瑞咨询调查数据显示，中国的众包市场每年交易额高达百亿元。大批的众包平台企业得以产生并和快速发展，国内的知识众包平台企业有猪八戒、威客中国、任务中国、中国威客网、K68 威客网等，国外的有 InnoCentive MTurk iStockphoto Threadless Crowdspirite 等，其中以猪八戒网为例，2008 年平台上的交易额为仅 300 万，而到 2011 年交易额已经突破 5 亿元，日均交易额已经突破百

① Rheingold, Howard. *The Virtual Community*, *Reading*, MA: Addison-Wesley, 1993.

万[①]。根据平台的模式划分[②]，众包平台可以分为两类：交易场所型（marketplace）和竞争导向型（competition）。前者的代表有 InnoCentive MTurk 等，平台方通过为问题解决者和发包方提供服务交易平台，根据双方的交易额佣金模式赢利；后者的代表有 Threadless，通过组织问题解决者进行产品创意比赛，由社区成员投票选出获利创意，平台根据获胜的创意进行产品生产和市场推广，通过产品的销售模式赢利。由于威客提供的创意均是通过市场检验的，因此这类平台企业市场绩效表现较好，类似于企业中的顾客参与模式，但是此类型平台数量有限，因此不是本研究的关注对象。本研究关注的是第一类众包平台的治理机制。

从众包平台运营的客户构成来看，是由问题解决者和发包方组成的双边市场，众包平台之间存在竞争关系，主要由两个方面原因造成：（1）平台之间存在相互替代效应。众包平台均是为威客和发包方提供交易场所的模式，平台提供的产品相似度较高，因此竞争关系较强。（2）问题解决者和发包方可以自由选择更换平台。问题解决者和发包方平台使用的重合度是比较高的，可以同时在几个平台进行任务的承接或发布。在这样的竞争之下，没有哪一家众包平台是一家独大的，需要不断地吸引任务发包方和威客，不断地完善奖赏机制，建立平台的核心价值体系，形成有差异化的竞争优势。

二 众包平台的特殊性

众包平台的客户由问题解决者和发包方组成，具有以下特征：

（1）平台上交易对象是知识和创意型产品，而且产品具有个性化生产和消费特征。一般的平台内交易的都是有形产品，网络平台如阿里巴巴、淘宝网等，传统平台如电视台、报纸等，平台方搭建的是有形产品交易平台。而且平台内交易的产品具备批量式生产，多名消费者可以同时购买某一产品。而众包平台内交易的是知识创意型产品，通常是问题的解决方案，由问题解决者为特定的发包方创作，产品具有知识产权专属性特征[③]，产品的交

① 数据来源：http：//www. zhubajie. com/about/index. html.

② Vukoviĉ, Maja. Crowdsourcing for enterprises, 2009 *Congress on Services-IEEE Computer Society*, 2009, pp. 686 – 692.

③ Graham, Stuart J. H. and David Mowery. "The Use of Intellectual Property in Software: Implications for Open Innovation," in Henry Chesbrough, Wim Vanhaverbeke, and Joel West, eds. , *Open Innovation: Researching a New Paradigm.* Oxford: Oxford University Press, 2006, pp. 184 – 201.

易也是知识产权转移的交易。众包平台的一切活动均围绕知识生产活动展开。

（2）平台上的交易中企业是购买方，而个人则是产品生产的提供方。与传统的平台内一个企业面临着数量众多的消费者群体相比，企业在众包平台中则以购买者的身份出现。企业以奖金悬赏的形式发布任务需求，吸引问题解决者群体参与到任务当中，以奖金的价格购买中标者的提交方案。问题解决者个人则是作为产品生产者的形式出现，出售自己的知识技能，同时只有中标者才能获得奖金报酬，其他参与者自行承担未中标的风险。

（3）平台与客户之间呈现弱关系纽带（weak ties）。通常平台企业与参与者间的关系较弱，不同于传统公司内部的等级、合同管理制度。众包平台也具有传统平台的特征，参与者进入或退出平台的门槛非常低。问题解决者和任务发包方也是以众包平台为枢纽（hub），彼此之间也同样是松散的弱关系，为此双方交易的达成需要平台发挥中介作用。

（4）平台的发展壮大需要依靠跨网络效应（cross network externality）。跨网络效应是指通过借助平台某一方群体规模的壮大（如问题解决者群体），吸引另一方群体的加入（如发包方群体），从而扩大平台的发展规模。平台中的问题解决者、发包方除了自身具有网络外部性影响外（network externality），同样也具有跨网络效应。通过引入数量规模较大的问题解决者群体进驻平台，可以吸引发包方的加入；同样发包方提供更多的任务供给，也可以吸引更多的问题解决者群体加入。所以对于平台方而言，需要同时做好对两个群体的服务工作。

三　众包平台治理的研究问题

从以上对于众包平台特征的分析，可以看出众包平台的核心竞争力在于促进发包方和问题解决者交易活动的顺利达成。通过为双方提供服务，从交易的达成中赚取佣金是众包平台的主要赢利模式[①]，所以众包活动的顺利开展，是众包平台企业基础设施、能力培育的焦点。然而从众包模式的特点来看，影响众包交易达成的关键性因素在于信任（trust）。首先，

① Chanal, Valérie & Caron-fasan, Marie-Laurence. "How to invent a new business model based on crowdsoucing: the Crowdspirit Rcase," 17*ième Conférence Internationale de Management Stratégique* (*AIMS*), Nice, juin 2008, pp. 1 – 27.

由于信息的不对称性，发包方难以约束问题解决者的行为。众包中绝大多数问题解决者是利用自己的闲置时间和兴趣爱好，参与到任务当中的，关于其是否具备完成任务的能力，发包方通常较难获取这些信息。同时问题解决者参与到众包中，很大原因是受自由、自主、可以充分发挥创造力（creativity）方式的吸引，所以发包方的管理约束也难以做到。其次，众包中知识创新型产品具有知识产权的法律束缚性①，发包方获得方案的合法性主要依靠问题解决者的职业操守。众包中的一些任务涉及商标注册、企业专利等因素，企业获得的解决方案是否抄袭从而违犯法规，需要依靠问题解决者自身对待任务的态度，以及自身的道德价值观约束。最后，对于发包方是否会履行承诺和公平选择方案，问题解决者对此同样难以进行有效干预。发包方的行为会影响问题解决者参与的积极性，由于众包是多名问题解决者竞争一个奖金名额，所以发包方对任务选择的公平、公正原则，对于问题解决者而言意义重大，而通常其也难以对此进行有效干扰。以上的这些因素导致信任在众包活动开展中意义重大，是促进交易进行的关键。

信任是一方基于对另一方的行为或意向的正面预期基础上的心理状态②，而对于众包活动中的信任可以直接从两个维度进行理解：可信任性（trustworthiness）和信任意愿③（trustfulness）。可信任性指是否值得相信，信任意愿指是否愿意相信。对参与双方在信任缺失状态下个体风险承担大小分析，发包方的损失将大于问题解决者，因为问题解决者是基于兴趣爱好参与的，只是个人知识、技能的再次使用，没有物质成本。而作为企业的发包方，将承担经济成本、时间成本和可能面临的行政法规成本。所以在众包中可信任性是针对问题解决者而言，信任意愿是针对发包方。

由于发包方和问题解决者均处于分散式（distributed），依靠众包平台建立双方的联系，彼此之间缺乏相互制衡机制。所以在众包模式中信任体

① Graham Stuart J. H. and David Mowery. "The Use of Intellectual Property in Software: Implications for Open Innovation," in Henry Chesbrough, Wim Vanhaverbeke, and Joel West, eds., *Open Innovation: Researching a New Paradigm*. Oxford: Oxford University Press, 2006, pp. 184 – 201.

② Rousseau M. T., Stikin, S. B., Burt, S. B. & Camerer, C.. "Not So Different After All: Across-Discipline View of Trust," *Academy of Management Review*, 1998, 23 (3), pp. 393 – 404.

③ Tullberg Jan. "Trust-The importance of trustfulness versus trustworthiness," *Journal of Socio-Economics*, 2008, 37, pp. 2059 – 2071.

系的构建，得依靠第三方——众包平台。平台方提供了双方的交易场所，可以通过对平台交易规则的制定来规范和控制（control）双方的行为，为双方的信任提供保障。所以平台的控制是促进交易顺利进行、体现平台核心竞争力的关键因素。因此本研究问题聚焦在平台的控制和信任体系对最终交易绩效的影响上，具体可以归结为以下两个方面：

（1）平台方控制策略的影响效果研究。由于众包模式是典型的双边市场，所以平台的控制包括对问题解决者和发包方两者的控制。具体措施包括第三方付款制度、资质审查、保证金、信誉记录等。然而平台方的控制措施是否具有实质性的影响效果？是否能够提升威客的可信任性和发包方的信任意愿？

（2）信任对交易绩效的影响效果研究。信任对于交易行为具有影响①，但在众包活动中信任是否就可以有效提升问题解决者的投入积极性，从而提升交易绩效呢？

第二节　理论背景

一　双边平台理论

对众包平台的研究需要对双边市场和双边平台两个方面的基础概念有所了解，就众包平台本身而言它是双边平台企业，面对的是由问题解决者和发包方组成的双边市场。以下对与此相关的理论进行简单概述。

双边市场（Two-Sided markets）。是指买卖双方需要通过中间层或平台进行交易，并且一方用户加入平台的收益取决于加入平台的另一方用户的数量。在双边市场上，每一方用户通过共有平台与另一方用户相互作用而获得价值②。Evans（2003）从实证的角度将双边市场分为市场创造型（Market-Makers，如阿里巴巴、淘宝）、受众创造型（Audience-Makers，如腾讯、人人）、需求协调型（Demand Coordinators，如 Linux 开源协作平

① Fang Eric（Er），Palmatier，Robert W.，Scheer，Lisa K. & Li，Ning，"Trust at different organizational levels，" *Journal of Marketing*，2008，72，pp. 80 – 89.

② Wright，J.．"One-sided logic in two-sided markets，" *Rev Netw Econ*，2004，3：pp. 42 – 63；Eisenmann，T.，Parker，G & Van Alstyne，M. "strategies for two-sided markets，" *Harvard Business Review*，October，2006.

台)。双边市场的研究有两个重要问题:(1)网络外部性问题,某市场上生产的产品的效用随着对另一市场所生产产品的需求数量而变化,反之亦然,这就是双边网络外部性(Ferrando et al. 2003);(2)产品定价问题,平台必须为它提供的产品或服务同时进行定价,以吸引足够多的两方用户①。从交易的内容来看,众包是知识创意产品的交易,因此属于市场创造型类别。

双边平台(Two-Sided Platforms)。双边平台是指利用平台对买卖双方产生相互吸引的作用,通过合理的策略将买卖双方聚集在平台中进行业务互动(如交易),形成所谓的双边市场,提供平台服务的企业是双边平台企业②。考虑到双边平台的独特性,有很多相关研究对此进行了探讨,主要借鉴产业经济学理论,采用理论建模的分析方法从产业层面来探讨平台的经济行为(如不对称价格策略、补贴与扶持策略、产品差异化策略、联盟与互通策略、广告策略、捆绑销售策略)和规制行为(如价格管制、权利许可、竞争引导)。

而对于网络平台企业而言,它的发展是将社会化网络的起始用户演变为平台的买方/卖方,然后借助社会化网络的关联性,将与起始用户分离的对应卖方/买方也吸引到平台上来进行直接业务互动,可构建出基于社会网络化平台的双边市场。对于社会化网络平台来说,基于双边市场的协同运作,一是利用双边市场的网络效应增强对用户的黏性;二是可以双边市场差异化定价实现更丰富的收入模式,有助于解决社会化网络平台的商业化问题③。核心问题是双边平台是如何构建和发展起来的呢?这要求双边平台,一是通过推行合理的市场规则构建良性的生态系统,吸引成员的参加;二是采取适合的策略吸引双边客户,借助网络效应推动平台的规模性增长。然而,相关的虚拟双边平台的研究很缺乏,这可能与虚拟双边平

---

① Armstrong, M.. "Competition in two-sided markets," *The RAND Journal of Economics*, 2006, 37 (3), pp. 668 – 691; Rochet, J. and Tirole J.. "Platform competition in two-sided markets," *Journal of the European Economic Association*, 2003, 1 (4), pp. 990 – 1029.

② Evans D. and R. Schmalensee. "The industrial organization of markets with two-sided Platforms," *Competition Policy International*, 2007, 3 (1), pp. 151 – 179; Rochet J. and Tirole J.. "Platform competition in two-sided markets," *Journal of the European Economic Association*, 2003, 1 (4), pp. 990 – 1029.

③ Clemons E.. "The complex problem of monetizing virtual electronic social networks," *Decision Support Systems*, 2009, 48 (1), pp. 46 – 56.

台的发展时间还不长相关[①]。

众包平台是基于社会化网络而构建起的平台，而且平台内交易的都是虚拟产品，双边市场发展的最大障碍是信任体系的建立。所以众包平台企业的发展在于运用内部的控制体系，增强问题解决者和发包方双边的信任，构建平台企业服务的核心价值竞争优势。

二　平台治理机制：信任和控制理论

信任和控制一直是渠道治理机制中管理者和学者们关注的重要问题，围绕着信任和控制对交易绩效、双方关系的影响进行了许多研究。以下首先对信任的基本内涵进行分析，再对控制的相关概念进行分析。

信任。关于信任的概念，不同的学者分别给出了不同的定义。有的指出信任是参与方对彼此间可靠性和诚实性的信心程度[②]；有的认为信任是一方对合作方能可靠地履行义务，采取可预测的行为以及在有实施机会主义行为的情境下仍然采取公正行为的期望[③]。渠道关系中影响信任的因素有环境不确定性、渠道决策行为、影响战略的使用、渠道中的权力依赖模式、沟通与合作等行为变量以及绩效等[④]。信任也对承诺、长期导向、合作关系持续性倾向、冲突以及满意等方面因素具有影响[⑤]。

信任的两个最常见的划分维度有诚实信任和仁爱心信任[⑥]。诚实信任是指认为交易对方是真诚的和可依赖的、言行一致的，对伙伴能够完成承诺的角色任务的信心；仁爱心信任是指交易对方是真诚关心他人收益和福利，具有寻求共同经济收益的信心。这两种信任均认为合作方是真诚可

---

① Stephen A. T. & Toubia, O.. "Deriving value from social commerce networks," *Journal of Marketing Research*, 2010, 47 (2), pp. 215 - 228.

② Aulakh Preet S., Kotabe, M. & Sahay, A., "Trust and performance in cross-border marketing partnerships: a behavioral approach," *International Business Study*, 1996, 27, pp. 1005 - 1032.

③ Zaheer A., McEvily, B. & Perrone, V., "Does trust matter? Exploring the effect of interorganizational and interpersonal trust on performance," *Organizational Science*, 1998, 9, pp. 14 - 19.

④ 刘益、陶蕾：《零售商对供应商的信任、控制机制使用和价值创造之间的关系研究》，《管理工程学报》2007 年第 1 期。

⑤ Geyskens Inge, E. M. Steenkamp, Jan Benedict & Kumar, Nirmalya, "Generalizations about trust in marketing channel relationships using meta analysis," *International Journal of Research in Marketing*, 1998, 15, pp. 223 - 248.

⑥ Ibid.

靠、言行一致的，区别在于仁爱心信任是指即使是在没有监督和控制的情况下，被信任方也不会采取机会主义的信心①。

这些关于信任的理解是基于传统双边关系范式，针对的是双方具有沟通交互的情境下的信任体系。然而在网络环境下，交易双方处于分散式（distributed），缺乏沟通交流，信任是促进交易顺利进行的关键。但是传统的信任就难以实现交易的顺利进行，因为交易双方缺乏信息的了解。而且有时交易行为是一次性的，如一名问题解决者对应某发包方可能只有一次交易行为。Tullberg② 在对信任的研究中对此状况提出有效对策，他将信任分为信任意愿（trustfulness）和可信任性（trustworthiness）。信任意愿是指即使对方不按照事先规定或遵守约定俗成，信任发起者也愿意承担由此带来的损失；与此对应的可信任性，则指是否值得相信。对于信任的此种分法，有助于信任理论应用领域的延伸和拓展。

控制。社会学研究理论认为对合作方的信任是减小机会主义风险的重要因素，它能够降低对交易伙伴实施控制的必要性③。然而交易成本经济学研究理论却指出对合作方的信任不能为企业提供可靠的保护，为此需要使用某种形式的控制机制来减小机会主义行为的风险。控制机制是保证合作双方明确责任和履行义务，保证专项投资，减小机会主义带来的风险的有效手段④。关于控制手段同样具有多种分类方法，制度经济学家 Williamson（1991）把治理结构（governance structure）分为市场（market）、混合（hybrid）、层级（hierarchy）三类，其中市场形式的治理结构具有最高的激励强度和合同控制，层级形式的治理结构具有最高的行政命令控制和最

① Johnston D. J., McCutcheon, D., Stuart, F. I. & Kerwood, H.. "Effects of supplier trust on performance of cooperative supplier relationships," *Journal of Operations Management*, 2004, 22 (1), 23-38.

② Tullberg Jan, "Trust-The importance of trustfulness versus trustworthiness," *Journal of Socio-Economics*, 2008, 37, pp. 2059-2071.

③ Zand D. E., "Trust and managerial problem sovling," *Administrative Science Quarterly*, 1972, 17 (2), pp. 229-239.

④ Jap Sandy D. & Ganesan, Shankar, "Control Mechanisms and the relationship life cycle: Implications for safeguarding specific investments and developing commitment," *Journal of Marketing Resarch*, 2000, 37, pp. 227-245.

低的合同控制，混合形式的治理机制则具有适中的合同控制。Heide[①] 将渠道关系的控制机制分为契约控制和关系规范控制，契约控制是一种单边的协调过程，有较强的法律效力和强制性；关系规范是一种双边的协调机制，包括灵活性、团结、信息交换和参与等多个方面，不具有强制性，通过让双方关注共同价值促进绩效，并且依靠压力和社会认可来降低风险和机会主义行为的可能性[②]。

对以往交易关系治理中控制类型进行总结，可以归纳出以下几种：专有性投资（specific investment）、关系规范（norms）、契约控制（contract）和资质验证（qualification）。而这些控制的发起者是参与交易的双方，以促进交易发展为目标，双方围绕交易可以建立强（strong）关系。但是在网络双边市场环境下，通常交易双方自身无法建立控制体系，需要借助第三方——交易平台力量来推动控制体系的建立。

第三节　研究框架和假设

以上关于双边平台理论、治理机制的信任和控制理论的回顾，为众包平台的治理提供了理论基础，众包平台的治理能够促进威客和发包方交易的顺利达成，提升交易绩效。然而众包中的关系治理具有以下特殊性：（1）信任内容具有差异性。传统信任的划分方法多以能力、诚实、善意等维度，信任的建立是在信息充分的基础上。但是网络环境中，双方处于分布式、松散关系，对方信息的获取难度较大。在网络环境下交易的信任从信任意愿和可信任性两个方面来划分更符合这一背景；（2）控制的发起方具有差异性。传统的控制发起者是交易双方，但是众包中的交易控制发起者是众包平台。由于众包平台是网络虚拟社区，参与者的进入和退出门槛通常较低，因此专有性投资、关系规范、契约不是合适的控制措施，只有资质验证是有效方式，因此本研究以资质验证作为正式控制的操作定义。平台的资质验证包括身份证制度、银行卡绑定、手机号码检验、资格证书审核等手段，这是网络松散关系下对参与者进行控制行之有效的手段。

---

① Heide J.. "Interorganizational governance in marketing channels," *Journal of Marketing*, 1994 (58), pp. 71 - 85.

② Cannon J. P., Achrol R. S. & Gundlach, G. T.. "Contracts, norms and plural form governance," *Journal of Academy of Marketing Science*, 2000 (28), pp. 180 - 194.

对于信任和控制的关系，目前学术上也缺乏统一的定论。一般的理解是在交易双方建立和具有一定信任的基础上，再通过控制的措施来提升交易绩效，也即信任在前，控制在后[①]。而在控制机制的研究中，Jap 和 Ganesan[②] 认为控制是提升承诺履行感知，从而提升交易绩效的前置变量。同样 Woolthuis，Hillebrand 和 Nooteboom[③] 对组织间的信任和控制研究的结论中指出，信任和控制两者的先后关系需要采用时间序列（longitudinal analysis）观察分析，同时要结合环境条件分析两者是互补还是替代关系。结合本研究的特点，众包模式中很多问题解决者和发包方通常是因为平台的规范控制而参与其中，因为可以降低他们的交易风险。也即平台的规范控制环境，可以提升威客和发包方之间的信任，从而促进交易的达成和绩效的提升。因此众包平台治理模式中控制是促进信任建立的因素，而由于众包平台是双边市场，所以控制包括问题解决者和发包方两者。而在双方信任关系中，由于发包方相对处于买方位置，所以信任意愿是针对发包方，而可信任性则是针对问题解决者。

由此，提出本研究的框架图 5－1。

一　对卖方的控制与信任机制

在众包平台交易中，个体的问题解决者是产品的提供方，处于卖方的角色。问题解决者群体数量规模较大，参与到众包活动中很多是基于个人的兴趣爱好（Howe，2006），发包方难以获得其个人的技能、信誉状况等信息。问题解决者提交的解决方案是否会涉及知识产权的侵犯等问题[④]，发包方难以对此进行有效控制。所以对于问题解决者的控制是平台方治理机制中所要考虑的重要问题，平台方可以通过资质验证（qualification）、

---

① 刘益，陶蕾：《零售商对供应商的信任、控制机制使用和价值创造之间的关系研究》，《管理工程学报》2007 年第 1 期。

② Jap Sandy D. & Ganesan, Shankar, "Control Mechanisms and the relationship life cycle: Implications for safeguarding specific investments and developing commitment," *Journal of Marketing Resarch*, 2000, 37, pp. 227－245.

③ Wuolthuis Rosalinde Klein, Hillebrand, Bas & Nooteboom, Bart, "Trust and formal control in inter-organizational relationships," *ERIM Report Series Research in Management*, January, 2002, pp. 1－18.

④ Graham Stuart J. H. and David Mowery, . "The Use of Intellectual Property in Software: Implications for Open Innovation," in Henry Chesbrough, Wim Vanhaverbeke, and Joel West, eds. , *Open Innovation: Researching a New Paradigm.* Oxford: Oxford University Press, 2006, pp. 184－201.

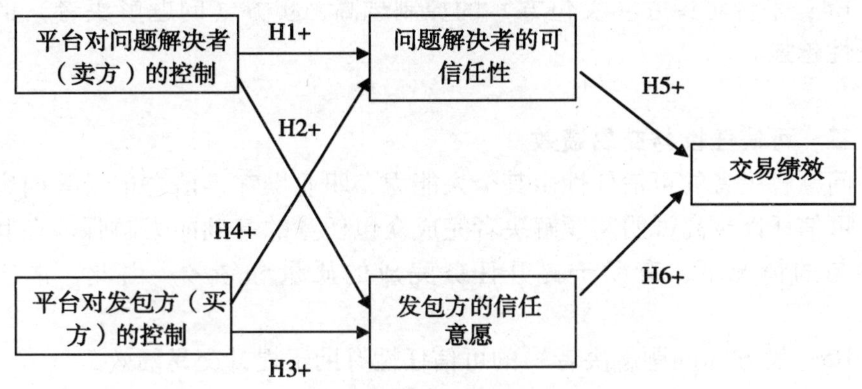

图 5-1　众包平台治理研究模型

历史行为记录的控制，提升问题解决者的可信任性。同时作为发包方的信息参与依据，提升发包方的信任意愿。由此，本研究提出：

H1：平台对卖方（问题解决者）的控制越高，卖方（问题解决者）的可信任性越强。

H2：平台对卖方（问题解决者）的控制越高，买方（发包方）的信任意愿越强。

二　对买方的控制与信任机制

众包交易行为中的买方通常都是企业或组织，充当发包方的角色。同样发包方是否会履行承诺，遵循公平、公正原则，分散式的问题解决者群体对此也难以形成影响，因此平台方也需要对发包方进行有效控制。平台可以采取奖金第三方托管、资质验证等控制手段，对发包方进行有效约束。在认同平台管理措施前提下，其信任意愿通常会较高。由此，本研究提出：

H3：平台对买方（发包方）的控制越高，买方（发包方）的信任意愿越强。

平台作为第三方采取的规范控制，作为信誉背书，可以提升参与双方的信任基础和信任感知。双边市场具有网络交叉效应（cross network effect），对买方的控制有利于规范平台环境，可以吸引更多的问题解决者参与。同时在规范的平台环境下，问题解决者会约束自我的行为，避免产生不良信誉记录。所以平台对发包方的控制行为，会对问题解决者的行为产生间接性影响，提升其行为规范。由此，本研究提出：

H4：平台对买方（发包方）的控制越高，卖方（问题解决者）的可信任性越强。

三 可信任性与交易绩效

问题解决者的可信任性由其个人能力、职业操守、信誉记录等内容组成，可信任性越高说明问题解决者完成众包任务的基础能力越强。在其愿意参与的情况下，有助于提升任务完成的质量和绩效。由此，本研究提出：

H5：卖方（问题解决者）的可信任性有助于提升交易绩效。

四 信任意愿与交易绩效

发包方的信任意愿，代表着对参与任务的问题解决者的信任程度。关于信任的理论研究指出，对于交易伙伴的信任会增加对方工作的努力程度，从而提升工作绩效①。在被信任的环境中，作为对等的互惠，人们通常会努力给予对方同等的回报。在问题解决者的参与动机中，很多人是为了享受在较少束缚下自由发挥创造力，喜欢众包模式的自由和民主感②。因此发包方的信任意愿越高，越有利于问题解决者工作积极性的增加，从而提升任务完成质量，有助于发包方目标的实现。由此，本研究提出：

H6：买方（发包方）的信任意愿有助于提升交易绩效。

第四节 研究方法

样本选取和数据收集。本研究仍然采用众包平台中实际发生的二手数据作为数据来源，同样采用猪八戒网作为数据来源，样本选择过程见研究2。

变量测量。本研究涉及的变量包括5个：对问题解决者的控制、对发包方的控制、可信任性、信任意愿和交易绩效。

对问题解决者的控制。测量直接采用猪八戒网上对威客的资质验证，共包括四种：身份证、银行卡、手机号、邮箱号四种资质验证方式，我们将其

① Zand, D. E., "Trust and managerial problem sovling," *Administrative Science Quarterly*, 1972, 17 (2), pp. 229 -239.

② Brabham Daren C., "Crowdsourcing the public participation process for planning projects," *Planning Theory*, 2009, 8 (3), pp. 242 -262.

转换成数字0—4，“0”表示平台没有对其进行任何控制，“4”表示通过了四种控制。通过此类验证可以有效防止问题解决者的机会主义行为。

对发包方的控制。测量与对威客控制相同，由于所选样本中发包方的奖金均是采取平台托管的形式，发包方需要保证选稿，否则由平台代为选稿。所以已经对发包方形成了资金控制，为此对发包方的资质验证控制只需体现有无，便可实现对发包方控制效果的检验。我们将对发包方的控制转换成0—1变量，“0”表示无资质验证，“1”表示有一种或多种资质验证。

可信任性。测量采用威客的能力值，猪八戒平台根据威客参与任务的次数、中标的次数、获奖金额的多少将威客划分为一级至八级，分别对应有能力值数积累，我们直接采用该数值作为可信任性的测量。由于能力值代表威客能力和经验，这些均可以作为其是否能完成任务的信息参考依据，因此是可信任性的有效测量。

信任意愿。测量采用发包方对任务的奖金额度，奖金额度越高表明发包方的信任意愿越大。同时奖金对发包方而言存在风险，并不能保证一定会得到满意方案。采取众包模式的动机之一是为了节省经济成本，在此目的下出价的高低可以作为其信任问题解决者程度的衡量。

交易绩效。测量采用主观编码的形式，对问题解决者提交的方案数量进行记录。如发包方需要威客完成某个标识的设计，而有些威客提交数套方案，以供发包方选择。为此我们首先阅读了发包方的任务说明，然后再根据威客提交的方案进行数量记录，取值范围从1开始。

分析方法。同研究2一样，在获得的数据基础上，构建回归方程进行检验。对相关波动较大的数量也采取了log化处理。

（1）控制变量检验：由于交易绩效除了受可信任性和信任意愿影响外，任务的难度也是影响交易绩效的重要因素，为此需要将此产生的影响进行有效控制。

方程一：$\log_{交易绩效} = C1 + \beta \times$ 任务类型

（2）主效应检验

方程二：$\log_{问题解决者的可信任性} = C2 + \beta_1 \times$ 问题解决者控制 $+ \beta_2 \times$ 发包方控制

方程三：$\log_{发包方的信任意愿} = C3 + \beta_3 \times$ 问题解决者控制 $+ \beta_4 \times$ 发包方控制

方程三：$\log_{交易绩效} = C3 + \beta_5 \log_{问题解决者的可信任性} + \beta_6 \times \log_{发包方信任意愿} + \beta_7 \times$ 任务类型

各系数与对应的假设检验见表5-1。

表5-1 众包平台治理机制研究中各假设对应的系数

系数	检验的假设	对应问题
β_1	H1	对问题解决者的控制对于可信任性的影响
β_3	H2	对问题解决者的控制对于信任意愿的影响
β_2	H3	对发包方的控制对于问题解决者信任意愿的影响
β_4	H4	对发包方的控制对于问题解决者可信任性的影响
β_5	H5	问题解决者可信任性对于交易绩效的影响
β_6	H6	发包方信任意愿对于交易绩效的影响

第五节 假设检验

我们采用SPSS统计软件对数据进行分析，首先各变量的描述统计分析结果见表5-2。

表5-2 众包平台治理机制研究中各变量描述性统计分析结果

变量	Mean	S. D.	对问题解决者的控制	对发包方的控制	问题解决者的可信任性	发包方的信任意愿	交易绩效	任务难度
对问题解决者的控制	3.86	0.46	1					
对发包方的控制	0.53	0.50	-0.149*	1				
问题解决者的可信任性	23042.38	45153.93	0.138*	-0.019	1			
发包方的信任意愿	178.89	211.41	0.187**	0.112*	0.224**	1		
交易绩效	3.09	2.18	0.110*	0.106*	0.172**	0.122*	1	
任务难度	0.53	0.50	-0.170**	0.158**	-0.082	0.044	-0.037	1

注：*：$p<0.05$；**：$p<0.01$。

假设检验与分析。根据模型数据结果（见表5-3），以下将对各假设进行验证和分析。首先我们对控制变量的影响进行了检验，发现任务类型对交易绩效不产生显著影响（$\beta = -0.044$，$t = -0.672$，$p = 0.502$）。说明了在信任机制对交易绩效的影响中，任务难度不会产生干扰作用。

卖方控制对信任机制的影响。原假设期望众包平台对卖方（问题解决者）的控制有助于问题解决者可信任性和发包方信任意愿的上升。从表5－3中可以看出 β_1（$\beta = 0.240$，$t = 3.732$，$p = 0.000$）和 β_3（$\beta = 0.115$，$t = 2.442$，$p = 0.032$）均为显著，由此假设 H1 和 H2 均得到了验证，对于问题解决者的控制可以提升其可信任性和发包方的信任意愿。在众包平台企业竞争中，管理的规范可以保证参与者双方的利益，可以吸引更多的平台参与者，进一步增加平台的网络效应。而规范的平台对参与者控制管理会较严，但这些有助于交易的顺利进行，提升参与者对平台制度合法性的认同和遵守①。H1 和 H2 的假设得到了验证，进一步支持了此观点的正确性。

买方控制对信任机制的影响。原假设期望众包平台对买方（发包方）的控制也同样有助于问题解决者的可信任性和其信任意愿的提升。从方程二中系数 β_2（$\beta = 0.004$，$t = 0.061$，$p = 0.952$）不显著，可以看出假设 H3 未能得到验证，也即对发包方的控制并不能提升问题解决者的可信任性。方程三中系数 β_3（$\beta = 0.106$，$t = 2.313$，$p = 0.042$）为显著，假设 H4 得到了验证，说明对于发包方的控制可以提升其对问题解决者的信任意愿。导致 H3 未能得到验证的原因可能有很多，双边市场中存在交叉网络效应（cross network effect），对于发包方的规范管理，应该会对问题解决者群体产生间接影响。但是这种影响可能是体现是对发包方的信任意愿方面，因为问题解决者的可信任性受其自身的参与经验、个人能力的影响，与对发包方的控制联系并不密切。而对发包方的控制能有效提升其信任意愿则可以说明，平台的规范控制能够发挥促进交易顺利进行的辅助作用，平台的服务价值得到了体现。

信任机制对交易绩效的影响。原假设认为问题解决者的可信任性和发包方的信任意愿对交易绩效有显著的正面影响。从方程四中我们可以看出系数 β_5（$\beta = 0.129$，$t = 2.840$，$p = 0.017$）和 β_6（$\beta = 0.116$，$t = 2.375$，$p = 0.025$）均为显著，说明了可信任性和信任意愿均有助于提升交易绩

① Deephouse David, Carter, Suzanne M.. "An Examination of Differences Between Organizational Legitimacy and Organizational Reputation," *Journal of Management Studies*, 2005, 42 (March), pp. 329－360 (32).

效。而且从 β_7 系数不显著（$\beta = -0.018$，$t = -0.262$，$p = 0.794$）可以看出任务难度对交易绩效并无影响，进一步增强了信任机制对交易绩效影响的效果。假设 H5 认为可信任性代表着问题解决者的个人能力和历史行为的信誉记录，可以提升交易绩效。当问题解决者具有专业技能，而且对待众包任务的态度积极，其提交的方案质量会普遍较高，所以对交易绩效会有显著正面影响。而发包方的信任意愿表示其相信问题解决者能够完成任务需求的程度，在给予问题解决者尊重、信任感的工作环境下，他们可以自由发挥其创新能力，同样有助于提交方案质量的上升。由此可以充分说明众包交易活动中，信任对于双方交易的开展影响重大。

表 5-3　众包平台治理机制研究回归分析数据

	方程一	方程二	方程三	方程四
	$Log_{交易绩效}$	$Log_{问题解决者的可信任性}$	$Log_{发包方的信任意愿}$	$Log_{交易绩效}$
任务难度	-0.044 （β）			-0.018 （β_7）
平台对问题解决者的控制		0.240** （β_1，vH1）	0.095* （β_3，vH2）	
平台对发包方控制		0.004 （β_2，H3）	0.086* （β_3，vH4）	
$Log_{问题解决者的可信任性}$				0.129* （β_5, vH5）
$Log_{发包方的信任意愿}$				0.116* （β_6, vH6）
R^2（adjusted）	14%	23.9%	27.3%	36.2%

注：*：$p < 0.05$；**：$p < 0.01$；v：假设得到验证。

第六节　研究结论

以上采用二手数据对于平台控制机制与参与双方信任机制，双方信任机制与交易绩效间的关系影响进行了检验分析，可以回答本研究开始所提的两个研究问题：

（1）平台的控制机制能否有效提升问题解决者的可信任性和发包方的信任意愿？

控制是治理机制（government）中的重要问题，众包模式中平台的控制治理有着特殊性：

第一，控制是平台企业采取的第三方控制形式。在以往渠道关系治理研究中，控制的发起者是参与者中的某方或双方，通常是对商业目标、过程、合同等进行的控制。而在众包模式中，由于交易双方均处于松散关系，难以采取有效的控制手段对另一方形成约束。所以只有依靠第三方——众包平台来开展控制活动。

第二，控制采取的手段以资质验证（qualification）、保证金形式为主。在以往关系控制的研究中，通常采取的手段是契约控制、关系规范两种①。但在众包中参与双方处于分散式（distributed），较少沟通交流，而且威客的参与以兴趣爱好、自愿为导向，进入和退出成本均较低，所以此类控制手段不能适用于众包模式。平台作为凑合双方卖方的中介，可以通过保证金、资质验证等形式对参与双方进行有效控制，以提升买卖双方的相互信任感。

第三，控制与信任机制关系有所差异，控制是促进交易双方信任建立的前置因素。在以往关系治理中，研究框架均是在交易双方拥有信任关系的基础上，通过控制机制进一步强化信任的影响绩效②。然而众包是双边市场模式，涉及的参与方有三者：平台、问题解决者、发包方，平台方的治理是买卖双方交易的关键。买卖双方的交易很多是一次性交易，无法从历史交易中建立信任，获取建立信任的信息成本较高。因此信任的建立主要依靠于第三方平台，而平台关于双方信任建立的主要措施是通过资质验证的控制手段，所以在众包模式中控制是信任的先前影响因素。

以上均是众包平台控制治理的特殊性，对控制的绩效产生影响。平台对问题解决者和发包方分别进行的控制，对于信任机制的影响效果具有一定的差异性。首先，平台对于问题解决者的控制可以有效提升其可信任性和发包方的信任意愿，产生良好的影响效果。虽然问题解决者是根据兴趣爱好参与到众包活动中的，但是由于群体规模较大，而且参与到任务当中

---

① Heide, J.. "Interorganizational governance in marketing channels," *Journal of Marketing*, 1994, 58, pp. 71 - 85.

② Wuolthuis Rosalinde Klein, Hillebrand, Bas & Nooteboom, Bart, "Trust and formal control in inter-organizational relationships," *ERIM Report Series Research in Management*, January, 2002, pp. 1 - 18；刘益，陶蕾：《零售商对供应商的信任、控制机制使用和价值创造之间的关系研究》，《管理工程学报》2007年第1期。

的门槛较低，难以避免有些参与者出现投机行为。平台采取资质验证的控制手段，可对投机主义者形成有效的约束，提升问题解决者群体的可信任性，同时也能提高发包方对于平台内问题解决者群体的信任意愿。其次，平台对于发包方的控制并不能带来问题解决者群体可信任性的提高，但可以有效提升其自身的信任意愿。对发包方的控制，可以规范其自身行为，提高对平台制度的认同感，提高其对平台活动的态度评价，可以提升其信任意愿。以上是对第一个研究问题的明确回答。

（2）信任机制对于交易绩效是否有显著影响？

问题解决者的可信任性和发包方的信任意愿对于交易绩效均具有显著的正面性影响。同样信任对于众包活动的顺利进行具有重要影响，正如本研究开始所提到的众包中交易的对象都是知识创意类型的虚拟产品，而且涉及知识产权交易，所以信任是众包活动顺利实现的基础。问题解决者的可信任性作为重要影响因素，是保证众包任务完成质量和是否按照职业操守进行的基础，较高的可信任性有利于交易绩效的提升。而且可信任性也是构成发包方信任意愿的基础，只有在问题解决者群体或平台具有较高的可信任性基础时，发包方才会展示出较高的信任意愿，因为此时的信任风险会较小。同时发包的信任意愿较高时，给予问题解决者的被信任感，可以激发其努力程度，对于交易绩效的提升具有积极影响。所以综上所述，在众包活动中可信任性和信任意愿对于交易绩效具有共同正面影响，是众包平台企业服务工作的重心。

第七节 研究意义

一 理论意义

本研究的开展可以从以下两个方面丰富现有文献：

第一，可以拓展现有双边平台理论。众包平台是社会网络化的新型平台，平台内交易对象都是知识创意型产品。以往传统平台（如报纸、大卖场）和现有的网络平台（淘宝、阿里巴巴）交易的都是有形产品，而众包平台是知识创意产品的交易平台。而且平台内的交易规则有很大的差异性，其他平台内的交易都是一对一的钱物交易，而众包中买方（发包方）只需向最后选中的问题解决者（卖方）支付报酬，而对其他的问题解决者

（卖方）不承担任务义务。这是以往双边平台研究中未曾出现过的状况，本研究是对此的有效补充。而且本研究指出此类双边平台企业要加强对卖方（问题解决者）的控制管理，以构建平台的信任体系。

第二，可以丰富信任、控制理论。信任和控制一直是渠道治理理论的研究热点，然而以往研究中一直认为控制手段是在双方具有一定的信任基础上的有效补充，其建立的边界条件交易双方关系较强，而且具备获取信任相关信息的基础。但是在众包模式的买卖双方关系中，双方处于网络环境下的弱关系，而且获取建立双方信任机制的相关信息成本较高。此种边界条件下，控制反而成为建立信任的前置因素。

二　实践意义

本研究对于众包平台企业有直接指导和参考意义，根据本研究的结论，可对众包平台企业提供以下思考：

第一，众包平台企业的核心竞争力在于构建信任体系。平台企业在众包市场发展中发挥着重要推进作用，为问题解决者和发包方的交易提供了交易场所（marketplace）。众包模式的产生和发展也为这些平台企业提供构建商业模式的机遇，围绕众包很多平台企业纷纷得以建立和发展。随着众包市场规模的不断扩大，平台企业间的众包活动相似度很大，因此平台间的竞争加剧。因此对于众包平台企业而言，如何构建自身的核心竞争力是现阶段众包平台企业所要考虑的重要问题，此类问题同时也可以推广至所有平台企业。

对于网络平台企业而言，其核心竞争力是促进买卖双方交易的顺利实现，并从中获得平台企业的收入。网络环境下知识创意型产品的买卖双方，信任是影响其交易顺利进行的关键因素。问题解决者参与平台中的任务，需要被信任感，从而有利于发挥其创造能力。发包方需要了解问题解决者是否值得信任，从而决定任务的发包方式。而这个可信任性和信任意愿的建立，需要依靠众包平台来完成，这是平台治理工作的核心。众包平台的买卖双方彼此之间相互处于分散式关系，而且平台内的买卖双方的交易很多是一次性或次数较少的，双方互相建立信任系较难。所以信任体系的建立需要依靠平台企业进行，因此需要在此方面多投入成本。

第二，平台控制是建立信任体系的有效治理手段。信任体系的建立需要平台方实施，因此平台的治理是信任构建的基础，从平台方可以操控的因素来看，参与双方资质验证、奖金托管是有效建立信任的控制手段。平台的控制管理，一方面可以有效降低机会主义行为的出现，有利于提升买卖双方的互相信任；另一方面可以建立平台的信誉无形资产，形成良好的平台背书，吸引更多的参与者。

第三，众包平台要注重对问题解决者群体的控制，借助交叉网络效应影响。从控制的效果来看，对于发包方（买方）的控制只能提升其自身的信任意愿。而对问题解决者（卖方）的控制则既可以提升其可信任性，也可以提升发包方的信任意愿，起到双边市场中的交叉网络效应影响的作用。所以对于问题解决者群体的控制效果要大于发包方，这可以为平台企业的控制管理导向提供参考。

第六章　结论

本研究通过定性研究（内容分析法）和定量研究（回归模型）对众包模式核心问题的开展进行了系统性研究。定性研究分析了问题解决者的参与动机，构建了问题解决者参与众包活动的动机概念框架，解决了其参与动机之间的关系机制问题。定量研究中，首先，对发包方的发包策略影响效果进行了检验，构建了发包方策略的影响路径框架，解决了不同类型任务应采取的差异性发包策略问题。其次，对平台方的治理机制进行了研究，构建了平台的控制和信任治理框架，解决了平台企业的客户关系管理和核心能力构建问题。

以下首先就理论构建过程得出的主要结论及其发现进行总结，其次就研究的理论意义和实践意义进行讨论，最后对研究的不足和未来研究方向作出说明。

第一节　研究总结

综合前述定性和定量研究的分析结果，本研究得出以下七点基本结论：

（1）众包是社会化生产背景下的协同生产和市场生产的混合模式，同时也是基于社会化网络形成的分布式问题解决和生产模式。众包是一种全新的生产方式，其产生需要一定的技术和文化条件。首先，从问题解决者的参与群体数量来看，众多人（peer）共同参与到某项任务的完成当中，是典型的社会化生产方式的体现；其次，它是采取经济刺激，由平台企业组织买（发包方）、卖（问题解决者）的交易，因此是市场化的生产方式表现；最后，众包是将分散在各地的问题解决者群体通过社会网络组织起来，利用分散式的群体智慧解决企业或组织的难题，因此是分布式问题解决和生产模式。这种分布式的问题解决方式是开放创新背景下常见的特征，对于发包方的企业而言，它可以为企业发展提供合理借助外部资源的途径；对于平台企业而言，这是其商业模式构建的基础。以往关于众包的研究未能进行系统阐述，对此的分析是本书的立论基础，也是对众包模式本质的进一步梳理和明确，是进行众包模式理论研究的内容。

（2）问题解决者的参与动机由外部性、内部性和内化的外部性动机三种组成，其中奖金激励、兴趣爱好和个人能力锻炼是主要的动机表现形式，发包方和平台企业首先需要对问题解决者的参与动机形成全面的了解。研究一通过对众包平台中问题解决者的博客内容分析发现，威客的参与动机可以划分为以上三大类，共包括十六种。其中内部动机包括兴趣爱好、追求成就感、自由、挑战自我、创新的需求、能力胜任、利他主义；外部动机包括奖金激励、参与无条件约束、业余时间的合理支配、平台与任务的吸引；内化的外部动机包括个人能力锻炼、学习、职业发展、圈子声望、社交。传统对于问题解决者动机的认识，只局限于认为他们的参与行为只是为了满足个人的业余兴趣爱好或受悬赏的奖金吸引。研究 1 对问题解决者的参与动机进行了全面、系统地梳理，为发包方和平台方吸引威客参与的策略制定提供了理论指导。

（3）问题解决者的参与动机之间呈现协调互补型（complementary）关系，发包方和平台企业需要对此形成深入理解。在开放创新背景下的开源软件生产运动、开放竞赛中很多参与者的动机之间存在着相互挤出效应，参与行为是以内部或外部某一种动机为主导。而本研究发现在众包活动中问题解决者的参与动机有内部、外部和内化的外部多种动机，其组成的维度也多达十六种，但是各动机之间并未出现互相排斥，而是一种相互协调的促进关系。如问题解决者在追求奖金的情况下，也可以同时为了挑战自我、能力锻炼。对此的认识具有重要意义，平台方、发包方制定策略时需要同时考虑问题解决者的多种重要参与动机，可以同时满足其多重需求。要注重策略的协同效应，以实现策略激励效果的最大化。

（4）发包方需要组建立体化的激励策略组合，以全面调动问题解决者的参与积极性，实现企业的发包目的。本书的研究发现发包方最为常用的奖金策略对最终中标者的参与积极性反而起到负面影响，因此传统的激励手段并不能完全适用于众包的新型生产方式。以奖金吸引更多参与者的手段虽然能吸引很多参与者，但是对于发包方企业而言核心的问题解决者是最后中标者，他（她）所提供的解决方案可以为企业提供最大化收益。众包对于发包方而言，从某种程度上关键在于调动核心问题解决者的参与积极性。对于问题解决者的参与动机的研究也表明，他们既有追求奖金的经济性动机，同时也有挑战自我、学习、能力锻炼、自我价值实现的精神层面需求。当问题解决者的追求目标重心不在于经济收入时，仅依靠奖金吸引，就很难充分调动有能力者的参与积极性。所以发包方在策略制定中，既要包含奖金上的激励，也要包含声誉、利他、能力锻炼等非物质上的激励手段。

（5）发包方的策略应根据任务的难易程度有所差异，难度较大的任务，需要依靠激发问题解决者的内部性动机，采用低奖金和短任务周期的组成策略；难度较小的任务，反而可以采用高资金、长期限的策略。本研究发现任务的难易程度具有反向调节作用，它会削弱奖金策略、时间策略与问题解决者的参与积极性之间的关系。当任务难度大时，高额的奖金策略和宽裕的时间周期策略反而不利于其参与积极性的提升。对于参与到难度较大众包任务当中的问题解决者而言，其参与的主要目的是为了挑战自我、能力锻炼、学习新的知识，此时发包方策略的关键在于其内在参与动机的激发，所以奖金策略的作用会变小。而且时间紧迫感，反而有利于其参与积极性的激发。而对于简单的任务，由于其完成的难度不大，高奖金和宽期限有利于保证发包方获得方案的多样性，扩大其方案的选择面。

（6）平台企业要围绕买卖双方信任体系的构建打造平台核心竞争力。平台企业为问题解决者（卖方）和发包方（买方）的交易提供了场所，平台内的交易活动是其收入来源，只有吸引更多的参与者交易，平台的规模才能不断壮大。而众包平台内交易的都是知识创意型产品，这也是其独特之处。此类知识创意型产品涉及知识产权的转移，交易顺利进行的关键性因素在于买卖双方之间的信任。也即问题解决者是否值得信任（可信任性），发包方是否愿意信任平台内的问题解决者群体（信任意愿）。但是双方均是网络环境下的弱关系，建立信任的成本和难度均较大，信任体系的建立需要平台方完成。平台内良好的信任体系，也是众包平台企业之间竞争优势的差异性体现，是平台企业的核心资产。良好的信任体系，有助于提升平台的声誉和影响力，提升平台的品牌资产。

（7）平台企业要做好买卖双方的资质验证工作，以辅助信任体系的建立。从平台企业内部买卖双方的信任体系构建方式来看，控制是构建这一体系的手段。控制的手段很多，包括专有性投资（specific investment）、关系规范（norms）、契约控制（contract）和资质验证（qualification）等。但由于众包模式中的问题解决者，很多是基于个人兴趣爱好参与到活动当中的，进入和退出平台的门槛较低，就控制的可执行条件而言，资质验证是最为合适的手段。平台通过对于问题解决者的资质验证、历史参与信息记录，可以提高其可信任性和发包方的信任意愿，保护发包方的利益。同样对于发包方的控制，如资金托管、资质验证可以增加其违反承诺的成本，保护问题解决者的利益。这些控制手段的实施，有利于平台交易行为的规范，有利于平台企业的长远发展。

第二节　研究意义

一　理论意义

本书研究了众包模式中威客的参与动机、发包方策略和平台方的治理问题，主要的理论贡献包括以下六个方面：

（1）本书的研究丰富了众包模式的理论研究。以往对于众包的认识多停留在一些业界人士对于众包模式商业价值点的介绍上，学术上缺乏系统的理论性研究。本研究从理论上对众包涉及的三方参与者关键性问题分别进行了研究。三个研究具有内在的逻辑关系，问题解决者的参与动机是影响发包方策略效果、平台方客户管理体系的基础问题；而发包方策略则对问题解决者的参与积极性产生直接影响，同时也会影响到平台的收入来源；平台方的治理则是促进交易顺利进行，同时也是构建平台核心竞争力的关键。所以本书的研究建立了对众包模式的立体化认识，可以进一步丰富众包模式的研究文献。

（2）本书构建了问题解决者参与动机的概念框架，丰富了开放创新背景下的参与者（solver）的动机理论研究。众包中的威客与开放创新中的问题解决者（solver）是同一个概念，本研究从内部、外部、内化外部性动机三个方面构建了参与者的动机概念框架，并且发现参与者的动机之间的关系具有相互协调整合效应。在开源软件开发活动中，参与者的动机之间存在着相互挤出效应，两者有着明显的差异性。本研究揭示了开放创新背景下参与者动机机制的新情形，是对开放创新背景下各类活动参与者的动机理论的丰富。

（3）本书对发包方的策略影响效果进行了研究，通过对比分析难易程度不同的任务策略的影响差异性，解决了众包模式中发包策略选择问题。研究发现众包活动中，发包方的奖金策略可以吸引很多问题解决者的参与，但是对于中标者的投入积极性却有负面影响。而且进一步研究发现，对于难度较大的任务，奖金策略的影响效果会进一步减弱。因此难易程度不同的任务，发包方策略要做适当调整。对此的研究，有助于进一步丰富发包策略的理论文献。

（4）本研究对众包平台的治理模式进行了分析，解决了众包模式中平台企业的核心竞争力构建问题。研究三中对于众包平台内的信任和控制机制的研究，指出了信任体系的构建是众包平台的核心资产，而对于买卖双方资质验证等控制形式则是信任建立的手段。这为众包平台企业战略规划制定提供了指导，而且众包平台内的交易对象为知识创意产品，具有特殊性，本研究可以丰富双边平台理论的研究。

（5）我们对众包模式中任务活动的组织开展进行了研究，可以进一步丰富任务竞赛理论。以往的任务竞赛在组织内部开展，或者参与者是以免费义务的形式参与的，而众包中的任务竞赛是在开放环境下，通过奖金刺激和参与者基于兴趣爱好自愿参与结合的形式开展的，而且奖金是种期权。以往研究指出难度较大的任务不适合采用竞赛的组织开展形式，本研究则发现难度较大的任务也可以采用众包模式，只是组织开展的策略需要适当调整。

（6）本研究对众平台中的信任和控制的研究，指出第三方的控制是建立买卖双方信任的前提，可以进一步丰富关系治理（relationship governce）理论。以往关系治理研究指出，信任是采取控制措施的前置影响因素，其前提建立在双方强关系范式下，获取信任所需的辅助信息成本也较低。但在众包模式中，双方是处于网络环境下的弱关系，获取信任所需的信息难度和成本均很大。此时的信任体系建立需要借助第三方力量，而此时交易平台的控制是建立双方信任的前置影响因素。因此，在弱关系范式下的信任和控制关系中，控制是建立信任的前提。

二　实践意义

本书是第一个系统性对众包开展模式进行的理论研究，分析了问题解决者的参与动机、发包方的任务发包策略和平台方的服务价值点，对于发包方进行任务发布和平台方的管理工作具有重要的实践指导意义，以下将从发包方和平台方两个方面进行实践意义概述。

对于作为买方的企业组织而言，在进行任务发包时应注意以下两个方面的问题：

（1）单独的依靠奖金激励难以达到预期效果，必须进行经济和精神奖励的系统性策略组合。本研究中对奖金策略的研究发现，奖金额度与最后中标者的努力积极性成反比，只能达到吸引参与人数的效果。在众多参与者中，对于发包方而言最重要的是具备实力、能够提交高质量方案的少数问题解决者。类似于企业的营销策略要针对核心消费人群，发包策略如何调动关键性问题解决者的参与积极性是任务策划时要考虑的重要工作。问题解决者的参与动机可以简单划分为物质层面的和非物质层面的，现有企业的发包策略中大多只考虑到经济上的奖励刺激，而忽视了其参与动机中的内部性非物质动机，所以难以调动核心威客群体的参与积极性。发包方可以在提供奖金前提下，对参与的问题解决者可以进行荣誉、声望等精神层面的奖励，以达到全面调动其参与积极性，获得高质量解决方案的效果。

（2）企业发布的任务难易程度不同时，应采取有差异性的发包策略，高奖金、长期限的策略只适用于简单任务。研究二对难易程度不同的众包任务策略的影响效果进行了对比分析，发现对于难度较大的任务，高奖金和长时间周期的策略效果降低，而对于简单任务则较为适用。因此对于难度较大的任务，反而可以采取一般性奖金、短周期策略，关键在于任务本身所具有的价值点，问题解决者通过任务的完成可获取成就感。

对于作为组织者的平台企业而言，其经营管理工作需要注意以下三个方面的问题：

（1）买卖双方的信任体系是平台企业最重要的客户资产，应是平台企业服务管理的宗旨。本研究对众包平台内交易的产品（知识创意型产品）的特点进行了分析，得出信任是影响此类产品交易的关键性因素，所以众包平台要增强买卖双方的相互信任，以促进平台内部交易活动的顺利进行。平台企业开展的工作是以提供服务帮助买卖双方交易顺利进行为宗旨，从平台网络的辅助基础技术而言，各众包平台网站差异不大，因此对于众包平台企业而言，其服务的价值是帮助买卖双方互相信任。

（2）平台企业应加强买卖双方控制管理工作，通过对参与双方资质的审核和信息公开，推进信任体系的建立。在研究3中，我们分析了众包模式下买卖双方的信任特点，双方处于弱关系范式下，依靠双方自己建立信任的成本和难度均较大。平台方的控制管理是建立买卖双方信任的关键性影响因素，双方资质验证、任务奖金托管、风险保证金等控制形式，可以有效地提升问题解决者的可信任性和发包方的信任意愿。

（3）平台企业应通过平台内部交易活动的规范管理工作，提升平台信誉，建立品牌资产，通过平台品牌背书吸引更多的参与者。平台一方面要以宽松自由的环境吸引参与者；另一方面保证交易顺利进行又需要对参与活动进行合理监管。平台对于买卖双方的控制，是规范平台交易行为的基础。

第三节　研究特色和创新

一　研究方法上的特色

实证研究方法中包括定性研究和定量研究两种主要方法，定量研究的优势体现在其内在逻辑严谨和可以通过大样本的检验，不足之处在于难以发掘深层原因和构建理论框架。而定性研究则能够挖掘参与者的思维逻辑与动机，可以对新问题展开探索和分析，但其缺点是受到研究者知识和能力的影响，结论的外部效度容易受到质疑。为此，有学者建议将两种方法进行结合。

本书的定性研究是对问题解决者博客进行内容分析，总结和归纳出了其参与到众包活动的动机。网络中的博客为研究人员提供了丰富的素材，首先，在开放、自由、无约束的环境下人们可以比较真实地表达自己的观点态度；其次，对于博客内容的分析不用直接与研究对象接触，可以避免人员交互、临场感对于观点态度的影响；最后，博客内容可以被反复编码、阅读，可以有效控制研究人员个体对结论的影响。以往定性研究中多采用深度访谈、焦点小组等方法，因此本研究中采用的博客内容分析法是有效利用了互联网环境下的特色，在方法上具有一定的创新性。

定量研究中采用的是客观真实二手数据，也是充分挖掘了互联网数据来源的优势，可以比较真实地还原发包方、平台方策略的实际效果。问卷调查法较多的询问被为试对某项策略的主观态度评价、意向，然而态度、意向和行为之间的不一致，一直是困扰研究结论可信度的问题，采用客观二手数据可以有效降低此类情况的发生。因此从数据来源上，本书中的定量研究具有一定的创新。

因此可以说，在研究方法、数据来源上，本研究比较成功地融合了互联网环境中的研究背景，采用定量和定性相结合的方法具有一定的创新性。

二 研究内容上的创新

本书全面系统地研究了众包模式，探究了问题解决者的参与动机、发包方策略影响效果以及平台的治理机制。本书的研究创新之处主要表现在以下三个方面：

（1）构建了问题解决者的参与动机概念模型，解释了卖方对于众包活动的价值关注点。众多的问题解决者为何加入到活动当中，是众包模式研究的基础性问题。以往开源软件开发中，问题解决者多是基于自愿、义务形式参与，动机之间存在挤出效应，也即内部性动机（如自由、民主）高的话，外部性动机（如报酬）就会低。本研究发现，众包中问题解决者的行为受内部、外部和内化外部性三大类别动机影响，其中兴趣爱好、奖金吸引和能力锻炼是参与动机的主要代表。进一步研究发现，问题解决者的动机之间呈现相互共生的关系，可以相互促进、强化，也即同时追求奖金、满足兴趣爱好和能力锻炼是不矛盾的，因此吸引和调动问题解决者的参与积极性需要全面考虑各种动机，利用组合策略达到效果的最大化。

（2）检验了发包方策略的影响效果，为买方如何吸引众多问题解决者提供了组合策略建议。本研究发现高奖金和长周期策略组合适用于简单任务，可以提升问题解决者的参与人数，保证可选择方案的多样性；低奖金和短周期策略组合反而适用于难度较大任务，此类任务关键在于问题解决者自身兴趣爱好、能力锻炼等的内部和内化外部参与动机的激发，有助于提高方案质量。对于买方而言，关键是要吸引和调动问题解决者的参与，才能得到高质量的问题解决方案。问题解决者需要先完成任务后才能投标，奖金对其而言只是一项实物期权，只有最终中标者才会得到奖金期权，未中标的投入成本和风险须自行承担。因此众包中问题解决者的参与具有特殊性，发包方可以操控的主要策略为奖金额度、时间期限和任务难易程度。根据本研究结论，发包方制定策略时应根据任务类型特征，结合问题解决者的动机分析，制定相应的策略组合。

（3）聚焦的是知识创意型产品交易平台，可以丰富双边平台的治理机制研究理论。本研究发现平台的控制是买卖双方建立信任机制的前置影响因素，信任体系的建立有助于促进交易绩效的提升。众包平台内的交易对象是知识创意型产品，此类产品的最大特征是质量缺乏衡量标准，信任是促进此类产品交易的关键。也即参与者是否值得信任，发包方是否愿意信任。众包平台内的买卖双方具有特殊性，买方是一些企业或组织；而卖方则是一些具有兴趣爱好，具备一定知识技能的个体。双方处于网络环境下，交易信任体系的建立成本高、难度大，因此需要第三方平台完成。交易双方的信任体系也是众包平台企业核心竞争力的体现。

第四节　研究局限性

众包是一种全新的组织生产模式，以此为背景具有许多值得研究的课题。虽然本研究试图对众包模式进行系统性、详细研究，采用了定量和定性研究方法，力求符合严谨的实证研究原则。但是受能力、资源、时间等限制，仍有许多不足，主要表现在以下几个方面：

第一，威客的参与动机研究未能验证各动机的影响大小和相互关系路径。研究 1 采用内容分析法构建了参与动机的概念框架，总结出了三种参与动机的十六个维度，并分析了各动机之间的关系。然而不可能所有的参与动机都很重要，究竟哪些是问题解决者的关键性参与动机，本书只对博客内容中提及的频次进行了描述性分析，得出奖金吸引、能力锻炼、兴趣爱好是三种主要代表。但是研究 2 中也表明奖金策略的效果并不显著，因此对于参与动机的重要性应该采取回归方程系数检验的方法。定性研究适用于探索性问题分析，对于问题解决者参与动机有哪些、之间的逻辑关系机制研究是合适的方法，但对于各类动机对参与行为的影响大小则无法量化。因此如果采用配套的问卷调查，则可以进一步判断各自的影响大小，以及相互之间的关系方向，有助于对问题解决者参与动机形成全面、深入的认识。

第二，发包方的策略研究中只考虑了奖金、时间、任务类型三种策略，未能考虑沟通策略的影响。发包策略对于绩效的影响中，沟通策略的影响是不可忽视的重要影响因素。任务开始前的不同布置策略对于威客问题解决者投入积极性具有影响，如采取详细说明的中心路径模式，规定问题解决者必须按照发包方要求完成；或者采取简要说明的外围影响模式，主要依靠问题解决者的自由创意。活动进行过程中的沟通策略是指发包方和威客之间的沟通交流，可以消除对于任务信息的不对称性，发包方沟通的态度对于问题解决者的参与积极性会有显著影响。这些均在研究 2 中未能考虑在内，同时这也是以往任务竞赛研究中未能考虑的问题，是下一步可以研究的内容。

第三，平台方的很多策略会影响到参与者的交易，如平台的价格策略，本书只考虑了治理中的信任和控制问题。平台内的交易行为除了信任问题外，与平台自身的价格策略有很大联系，不同的平台收费方式对于交易量有很大影响，这是本研究未能考虑到的因素。然而本研究考虑的平台对于买卖双方治理机制问题，未来可以考虑将价格影响考虑在内。

第五节 未来研究方向

众包作为新崛起的生产模式，已经被越来越多的企业所采用，这也使得本书的研究价值得到进一步提升。本研究也只是尝试性地进行了一些拓展性工作，还有很多问题值得进一步深入研究：

第一，发包方企业流程如何配合众包。众包作为企业获取外部资源的新型方式已经被越来越多的企业所采用，然而从企业整体价值链创造环节来说，众包所履行的只是其中的一个环节。类似于企业将某项职能进行外包后，企业内部管理流程环节需要与之配套，众包所获得的问题解决方案，企业如何利用才能发挥其效益的最大化呢？企业的哪些因素会阻碍外部性成果的学习和应用？如何将任务参与者提供的解决方案商业化？这是与发包方企业相关的后续研究问题。

第二，众包中虚拟团队合作问题。基于众包活动，许多问题解决者组成了虚拟团队，共同参与到众包活动当中，参与者虚拟团队的合作问题是未来可以研究的有趣问题。在现有众包模式的开展中，任务参与者都是处于彼此独立、竞争的状态。而当背景知识具有差异性和互补性的参与者组成合作团队时，何种情况下此类虚拟团队可以发挥 $1+1>2$ 的优势？如何构建这一优势？其中中国的传统文化因素在合作过程是否能够发挥积极影响作用？这是与任务参与者相关的后续研究问题。

第三，众包存在不公平的待遇问题。问题解决者提供的解决方案所产生的价值，与其所得到的收入是不匹配的。同样的问题解决方案，如果是公司内部人员自己完成，所需花费的时间和经济成本会大幅度增加。而许多任务发包方在众包平台中提供的标价奖金额明显不足，存在对问题解决者群体剥削、不公平的问题。当问题解决者对此类价格的任务产生负面评价时，任务发包方难以得到有效方案，同时也会损害任务参与者对众包平台的品牌形象评价。对于众包平台长期发展而言，如何规范和控制任务发包的价格管理问题，是平台方治理后续可研究问题。

参考文献

1. Adner, R. & Levinthal, DA. "What is not a real option: considering boundaries for the application of real options to business strategy," *Academy of Management Review*, 2004, 29, pp. 74 – 85.

2. Alonso, Omar, E. Rose, Daniel & Stewart, Benjamin, "Crowdsourcing for Relevance Evaluation," *ACM SIGIR Forum*, 2008, 42 (2), pp. 9 – 15.

3. Archak, Nikolay & Sundararajan, Arun. "Optimal design of crowdsourcing contests," *International Conference on Information Systems* (*ICIS*), 2009, pp. 1 – 16.

4. Armstrong, Arthur and John Hagel Ⅲ.. "The Real Value of ON-LINE Communities," *Harvard Business Review*, 1996, 74 (3), pp. 134 – 141.

5. Armstrong, M.. "Competition in two-sided markets," *The RAND Journal of Economics*, 2006, 37 (3), pp. 668 – 691.

6. Aulakh, Preet S., Kotabe, M. & Sahay, A., "Trust and performance in cross-border marketing partnerships: a behavioral approach," *International Business Study*, 1996, 27, pp. 1005 – 1032.

7. Becker, G. S.. "Human capital: a theoretical and empirical analysis with special reference to education," Columbia University Press, National Bureau of Economic Research: New York, 1975.

8. Benkler, Y.. *The wealth of networks: How social production transforms markets and freedom*. New Haven and London: Yale University Press, 2006.

9. Benkler, Yochai; Nissenbaum, Helen. "Commons-based Peer Production and Virtue." *The Journal of Political Philosophy*. 2006, 4 (14), pp. 394 – 419. Retrieved 22 October 2011.

10. Bonaccorsi, Andrea & Rossi, Cristina. "Altruistic individuals, selfish firms? The structure of motivation in open source software," *Working paper*,

2003.

11. Bonaccorsi, Andrea & Rossi, Cristina, "Comparing motivations of individual programmers and firms to take part in the open source movement: From community to business," *Knowledge, Technology & Policy*, 2006, 18 (4), pp. 40 – 64.

12. Brabham, Daren C., "Crowdsourcing as a model for problem solving: An introduction and cases," *Convergence: The International Journal of Research into New Media Techologies*, 2008, 14 (1), pp. 75 – 90.

13. Brabham, Daren C., "Crowdsourcing the public participation process for planning projects," *Planning Theory*, 2009, 8 (3), pp. 242 – 262.

14. Busarovs, Aleksejs. Crowdsourcing as user-driven innovation, new business philosophy's model. *Journal of Business Management*, 2011, Issue 4, pp. 53 – 60.

15. Calder, B. & Staw, B. "The self-perception of intrinsic and extrinsic motivation," *Journal of Personality and Social Psychology*, 1975, 31 (4), pp. 599 – 605.

16. Campbell, J. P. & Pritchard, R. D.. Motivation theory in industrial and organizational psychology. M. D. Dunnette, ed. *Handbook of Industrial and Organizational Psychology. Rand McNally*, Chicago, IL, 1976, pp. 63 – 130.

17. Chanal, Valérie & Caron-fasan, Marie-Laurence, "The difficulties involved in developing business models open to innovation communities: the case of crowdsourcing platform," *Management*, 2010, 13 (4), pp. 318 – 341.

18. Chanal, Valérie & Caron-fasan, Marie-Laurence, "How to invent a new business model based on crowdsoucing: the Crowdspirit Rcase," *17ième Conférence Internationale de Management Stratégique (AIMS)*, Nice, juin 2008, pp. 1 – 27.

19. Chandler, D. & Kapelner, A., "Breaking monotony with meaning: Motivation in crowdsourcing markets," University of Chicago mimeo, 2010.

20. Chesbrough, H., "Open Innovation: A New Paradigm for Understanding Industrial Innovation," *In H. Chesbrough, W. Vanhaverbeke, and J. West, (Eds)*, *Open Innovation: Researching a New Paradigm*, 2006, pp. 1 – 12. Oxford: Oxford University Press.

21. Chesbrough, H.. "Open Business Model: How to thrive in the new innovation landscape," Boston: *Harvard Business School Press*. 2006, 256 pages.

22. Chesbrough, H.. *Open Innovation: The new imperative for creating and profiting from technology*. Boston: Harvard Business School Press, 2003.

23. Chen, F. & Xiao, W., "Salesforce incentives and information screening: Individualistic vs. competitive schemes," *Working paper*, Columbia University, New York, 2005.

24. Chen, Y. & Xie, J.. "Cross-market network effect with asymmetric customer loyalty: Implications for competitive advantage," *Marketing Science*, 2007, 26 (1), pp. 152 – 166.

25. Clemons E.. "The complex problem of monetizing virtual electronic social networks," *Decision Support Systems*, 2009, 48 (1), pp. 46 – 56.

26. Cannon, J. P., Achrol, R. S. & Gundlach, G. T., "Contracts, norms, and plural form governance," *Journal of Academy of Marketing Science*, 2000, 28, pp. 180 – 194.

27. Deci, E. L.. *Intrinsic Motivation*. Plenum Press, New York, 1975.

28. Deci, E. L. & Ryan, R. M., "The support of autonomy and the control of behavior journal of personality and social psychology," *J. Personality Soc. Psych.*, 1987, 53 (6), pp. 1037 – 1204.

29. Deci, E L. & Ryan, R. M., "The 'what' and 'why' of goal pursuits: Human needs and the self-determination of behavior," *Psych. Inquiry*, 2000, 11 (4), pp. 227 – 268.

30. Deephouse, David, Carter, Suzanne M. "An Examination of Differences Between Organizational Legitimacy and Organizational Reputation," *Journal of Management Studies*, 2005, 42 (March), pp. 329 – 360 (32).

31. Deng, S. & Elmaghraby, W., "Parallel sourcing with a tournament," *Productions Operation Management*, 2005, 14 (2), pp. 252 – 276.

32. de Matos, Celso Augusto & Vargas Rossi, Carlos Alberto, "Word-of-mouth communications in marketing: a meta-analytic review of the antecedents and moderators," *Journal of the Academy marketing Science*, 2008, 36, pp. 578 – 596.

33. Doan, Anhai, Ramakrishnan, Raghu; Halevy, Alon Y.. "Crowdsourcing Systems on the World-Wide Web, "*Communications of the ACM*, 2011, Vol. 54 Issue 4, pp. 86 – 96.

34. Ekins, Sean & Williams, Antony J. "Reaching out to collaborators: Crowdsourcing for pharmaceutical research," *Pharmaceutical Research*, 2010, 27 (3), pp. 393 – 395.

35. Eisenmann, T., Parker, G. & Van Alstyne, M., "strategies for two-sided markets," *Harvard Business Review*, October, 2006.

36. Evans, D. and R. Schmalensee, "The industrial organization of markets with two-sided Platforms," *Competition Policy International*, 2007, 3 (1), pp. 151 – 179.

37. Fang, Eric (Er), Palmatier, Robert W., Scheer, Lisa K. & Li, Ning, "Trust at different organizational levels," *Journal of Marketing*, 2008, 72, pp. 80 – 89.

38. Felstiner, Alek, "Working the crowd: employment and labor law in the crowdsourcing industry," *Working paper*, 2010.

39. Gawer, A.. Platforms, Markets and Innovation (1 ed.). Cheltenham, UK: Edward Elgar Publishing Limited, 2009.

40. Gawer, Annabelle, and Michael A. Cusumano, "How Companies Become Platform Leaders". *MIT Sloan Management Review*, Winter, 2008.

41. Geyskens, Inge, E. M. Steenkamp, Jan Benedict & Kumar, Nirmalya, "Generalizations about trust in marketing channel relationships using meta analysis," *International Journal of Research in Marketing*, 1998, 15, pp. 223 – 248.

42. Glaser B G and Strauss L A, "The Discovery of Grounded Theory: Strategies for Qualitative Research", New York: Alpine de Gruyter, 1999.

43. Godes, D. and Mayzlin, D. "Using Online Conversations to Study Word of Mouth Communication," *Marketing Science*, 2004, 23 (4), pp. 545 – 560.

44. Graham, Stuart J. H. and David Mowery, "The Use of Intellectual Property in Software: Implications for Open Innovation," in Henry Chesbrough, Wim Vanhaverbeke, and Joel West, eds., *Open Innovation: Researching a*

New Paradigm. Oxford: Oxford University Press, 2006, pp. 184 -201.

45. Green, J. R. & Stokey, N. L. "A comparison of tournaments and contracts," *J. Political Econom*. 1983, 91 (3), pp. 349 -364.

46. Grimpe, Christoph & Kaiser, Ulrich. "Balancing internal and external knowledge acquisition: the gains and pains from R & D outsourcing," *Journal of Management Studies*, 2010, 47 (8), pp. 1483 -1509.

47. Hars, Alexander & Ou, Shaosong, "Working for Free? Motivations of participating in open source projects," Proceeding of the 34th Hawaii International Conference on System Sciences, 2001, pp. 1 - 9.

48. Heer, Jeffrey & Bostock, Michael, "Crowdsourcing graphical perception: Using Mechanical Turk to assess Visualization design," *CHI* 2010: *Visulizatioin*, 2010, April 10 -15, USA, pp. 203 -212.

49. Heide, J.. "Interorganizational governance in marketing channels," *Journal of Marketing*, 1994, 58, pp. 71 -85.

50. Howe, Jeff, "The rise of crowdsourcing", *Wired Magazine*, 2006, 14th, pp. 1 -5.

51. Horton, John J. & Chilton, Lydia B. "The labor Economics of paid Crowdsourcing," *ACM*, Cambridge, Massachusetts, USA, 2010, pp. 209 -218.

52. Jap, Sandy D. & Ganesan, Shankar, "Control Mechanisms and the relationship life cycle: Implications for safeguarding specific investments and developing commitment," *Journal of Marketing Resarch*, 2000, 37, pp. 227 -245.

53. Johns, G.. "Organizational Behavior: Understanding and Managing Life at Work," 4th ed. Harper Collins, New York, 1996.

54. Johnston, D. J., McCutcheon, D., Stuart, F. I. & Kerwood, H.. "Effects of supplier trust on performance of cooperative supplier relationships," *Journal of Operations Management*, 2004, 22 (1), 23 -38.

55. Kalra, A. and Mengze, S.. "Designing optimal sales contests: A theoretical perspective," *Marketing Science*, 2001, 20 (2), pp. 170 -193.

56. Kanfer, R.. "Motivation theory and industrial and organizational psychology," M. Dunnette, L., eds Handbook of Industrial and Organizational

Psychology, 2nd ed. Consulting Psychology Press, Palo Alto, CA, 1990, 75 - 170.

57. Kazai, Gabriella, & Milic-Frayling, Natasa,. "On the evaluation of the quality of relevance assessments collected through crowdsourcing," 2009, pp. 21 - 22, in Proceedings of SIGIR 2009 Workshop on the Future of IR Evaluation, Edited by Geva, S., Kamps, J., Peters, C., Sakai, T., Trotman, A., Voorhees, E.

58. Kim, A. J.. Community Building on the Web: Secret Strategies for Successful Online Communities. London: Addison Wesley, 2000,.

59. Kittur, Aniket, H. Chi, Ed. & Suh, Bongwon,. "Crowdsourcing user studies with Mechanical Turk," *CHI* 2008 *Proceedings. Data Collection*, 2008, April 5 - 10, Italy, pp. 453 - 456.

60. Kirsch, L. J.. "The management of complex tasks in organizations: Controlling the systems development process," *Organization Science*, 1996, 7 (1), pp. 1 - 21.

61. Kogut, B.. "Joint ventures and the option to expand and acquire," *Management Science*, 1991, 37, pp. 19 - 33.

62. Kogut, B. & Kulatilaka, N.,. "Capabilities as real options," *Organization Science*, 2001, 12, pp. 744 - 758.

63. Lai, L. S. L. & E. Turban.. "Groups Formation and Operations in the Web 2.0 Environment and Social Networks," *Group Decision and Negotiation*, 2008, 17 (5), pp. 387 - 402.

64. Lakhani, K. & Wolf, B., "Why hackers do what they do: Understanding motivation and effeort in free/open source software projects," J. Feller, B. Fitzgerald, S. Hissam, K. Lakhani, eds. Perspectives on Free and Open Source Software. MIT Press, Boston, MA, 2005.

65. Landsman, V. & Stremersch, S.. "Multihoming in Two-Sided Markets: An Empirical Inquiry in the Video Game Console Industry," *Journal of Marketing*, 2011, 75 (6), pp. 39 - 54.

66. Lindman, Juho, Juutilainen, Juha-Pekka & Rossi, Matti,. "Beyond the Business Model: Incentive for Organizations to Publish Software Source Code," *International Federation for Information Processing*, 2009, pp. 47 - 56.

67. Liu, Y., "Word of Mouth for Movies: Its Dynamics and Impact on Box Office Revenue," *Journal of Marketing*, 2006, 70 (3), pp. 74 – 89.

68. Loch, C. H., Huberman, B. A., Stout, S. T., "Status competition and performance in work groups," *J. Econom. Behav. Organ.* 2000, 43, pp. 35 – 55.

69. Luo, X. and Homburg, C., "Neglected Outcomes of Customer Satisfaction", *Journal of Marketing*, 2007, 71 (2), pp. 133 – 149.

70. Nickerson, Jeffrey V., Sakamoto, Yasuaki & Yu, Lixiu, "Structures for creativity: the crowdsourcing of design," *CHI* 2011 *Workshop on Crowdsourcing and Human Computation: Systems, Studies, and Platforms*, May 8, 2011, Vancouver, BC, Canada, 2011, pp. 1 – 4.

71. Novak, S. & Eppinger, S. D.,. "Sourcing by design: Product complexity and the supply chain," *Management Science*, 2001, 47 (1), pp. 189 – 204.

72. Manchanda P, Xie Y. & Youn N.. "The Role of Targeted Communication and Contagion in Product Adoption," *Marketing Science*, 2008, 27 (6), pp. 961 – 976.

73. Maslow, A. H: *Motivation and personality*, 3rd. ed, 1987, New York (Haper).

74. Mathwick, Charla, Caroline Wiertz & Ko De Ruyter,, "Social Capital Production in a Virtual P3 Community," *Journal of Consumer Research*, 2008.

75. McGrath, R. G.. "A real options logic for initiating technology positioning investments," *Academy of Management Review*, 1997, 22 (4), pp. 13 – 30.

76. Mihm, J., Loch, C. & Huchzermeier, A., "Problem-solving oscillations in complex engineering projects," *Management Science*, 2003, 49 (6), pp. 733 – 750.

77. Muniz, Albert M. & O'Guinn, Thomas C., "Brand Community," *Journal of Consumer Research*, 2001, 27 (March), pp. 412 – 432.

78. Myers, S. C.. "Determinants of corporate borrowing," *Journal of Financial Economics*, 1977, 5 (2), pp. 147 – 176.

79. Osterloh, M. & Frey, B. S.. "Motivation, knowledge transfer, and

organizational forms," *Organization Science*, 2000, 11 (5), pp. 538 – 550.

80. Osterwalder, A. & Pigneur, Y.. Business Model Generation A handbook for visionaries, game changers and challengers, 2010.

81. Parker, G. G. & Van Alstyne, M. W.. "Two-Sided Network Effects: A Theory of Information Product Design," *Management Science*, 2005, 51 (10), pp. 1494 – 1504.

82. Ramaswamy, Venkat & Gouillart, Francis, "Building the Co-Creative Enterprise," *Harvard Business Review*, October, 2010.

83. Ravid, G. and Rafaeli S.. "Information Overload and the Message Dynamics of Online Interaction Spaces: A Theoretical Model and Empirical Exploration," *Information Systems Research*, 2004, Vol. 15 (2), pp. 194 – 210.

84. Raymond, E., "The cathedral & the bazaar, Musing on linux and open source by an accidental revolutionary," *O'Reilly & Associates*, Sebastopolous, C. A, USA, 2001.

85. Resisinger, M., Three essays on oligopoly: product bundling, two-sided markets and vertical product differentiation. Dissertation, Department of Economics, University of Munich, 2004.

86. Rheingold, Howard,. "The Virtual Community," Reading, MA: Addison-Wesley, 1993.

87. Roberts, J. A., Hann, I. H. & Slaughter, S. A., "Understanding the motivations, participation and performance of open source software developer: A Longitudinal study of the apache projects," *Management Science*, 2006, 52 (7), pp. 984 – 989.

88. Rochet, J. and Tirole J.. "Platform competition in two-sided markets," *Journal of the European Economic Association*, 2003, 1 (4), pp. 990 – 1029.

89. Rochet, J. and J. Tirole, "Two-sided markets: a progress report," *The RAND Journal of Economics*, 2006, 37 (3), pp. 645 – 667.

90. Rogers, Everett. *Diffusion of Innovations*, 5th edition, Free Press, 2003.

91. Roson, R.. "Two-sided markets: A tentative survey," *Review of Network Economics*, 2005, 4 (2).

92. Rousseau, M. T., Stikin, S. B., Burt, S. B. & Camerer, C.. "Not So Different After All: Across-Discipline View of Trust," *Academy of Management Review*, 1998, 23 (3), pp. 393 – 404.

93. Rothwell, R.. "Towards the Fifth-generation Innovation Process," *International Marketing Review*, 1994, 11 (1), pp. 7 – 31.

94. Sansone, C.. "A question of competence: The effects of competence on task feedback on intrinsic interest," *Journal of Personality Social Psychology*, 1986, 51 (5), pp. 918 – 931.

95. Schenk, Eric & Guittard, Claude,. "Towards a characterization of crowdsourcing practices," *Working paper*, 2010.

96. Skinner, B. F., Science and Human, Macmillan, New York, 1953.

97. Stewart, Osamuyimen, Huerta, Juan M., & Sader, Melissa,. "Designing crowdsourcing community for the enterprise," *ACM*, Paris, France. 2009, pp. 50 – 53.

98. Sridhar, S., Mantrala, M. K., Naik, P. A. & Thorson, E.. "Dynamic Marketing Budgeting for Platform Firms: Theory, Evidence, and Application," *Journal of Marketing Research*, 2011, 48 (6), pp. 929 – 943.

99. Stephen, A. T. & Toubia, O.. "Deriving value from social commerce networks," *Journal of Marketing Research*, 2010, 47 (2), pp. 215 – 228.

100. Sweeney, J. C., Soutar, G. N. & Mazzarol, T.. "Factors Influencing Word of Mouth Effectiveness: Receiver Perspectives". *European Journal of Marketing*, 2008, 42 (3/4), pp. 344 – 364.

101. Taylor, D., J. Lewin & D. Strutton, "Friends, fans, and followers: Do ads work on social networks?" *Journal of Advertising Research*, 2011, 51 (1), pp. 258 – 275.

102. Tapscott D. & Williams, A.. Wikinomics: How mass collaboration changes everything. New York: Portfolio, 2006.

103. Terwiesch, Christian & Xu, Yi. "Innovation Contests, Open Innovation, and Multiagent Problem Solving," *Management Science*, 2008, 54 (9), pp. 1529 – 1543.

104. Thompson, Scott A., Rajiv K. Sinha,. "Brand communities and New Product Adoption: The Influence and Limits of Oppositional Loyalty," *Journal*

of Marketing, 2008.

105. Tiwana, A., Konsynski, B. & Bush, A. A.. "platform evolution: coevolution of platform architecture, governance, and environmental Dynamics," *Information Systems Research*, 2010, 21 (4), pp. 675 - 687.

106. Tullberg, Jan, "Trust-The importance of trustfulness versus trustworthiness," *Journal of Socio-Economics*, 2008, 37, pp. 2059 - 2071.

107. Ulrich, K. T. & Ellison, D. J., "Holistic customer requirements and the design-select decision," *Management Science*, 1999, 45 (5), pp. 641 - 658.

108. Vukoviĉ, Maja, "Crowdsourcing for enterprises," 2009 *Congress on Services-IEEE Computer Society*, 2009, pp. 686 - 692.

109. Von Hippel, Eric,. "Democratizing Innovation," Cambridge, Mass: MIT Press, 2005.

110. Walter, Thomas P. & Back, Andrea, "Crowdsourcing as a business model: an exploration of emergent textbooks harnessing the wisdom of crowds," *23rd Bled eConference eTrust: Implication for the Individual, Enterprises and Society*, June 20 - 23, Bled, Slovenia, 2010, pp. 555 - 568.

111. Wang, Heli & Lim, Sonya Seongyeon, "Real options and real value: The role of employee incentives to make specific knowledge investments," *Strategic Management Journal*, 2008, 29, pp. 701 - 721.

112. Williamson, Oliver E., "Comparative economic organization: The analysis of discrete structure alternatives," *Administrative Science Quarterly*, 1991, 36, pp. 269 - 296.

113. Weinberg, G., *The Psychology of Computer Programming*. Silver Anniversary Edition, 1st ed. Van Nostrand Reinhold, New York, 1998.

114. Whitla, Paul, "Crowdsourcing and Its Application in Marketing Activities", *Contemporary Management Research*, 2009, 5 (1), pp. 15 - 28.

115. Wright, J.. "One-sided logic in two-sided markets," *Rev Netw Econ*, 2004, 3, pp. 42 - 63.

116. Wuolthuis, Rosalinde Klein, Hillebrand, Bas & Nooteboom, Bart, "Trust and formal control in interorganizational relationships," *ERIM Report Series Research in Management*, January, 2002, pp. 1 - 18.

117. Yamagishi, T. & Cook, K. S.. "Generalized exchange and social dilemmas," *Social Psychology Quarterly*, 1993, 56 (4), pp. 235 – 248.

118. Yang, Jiang, Adamic, Lada A. & Ackerman, Mark S., "Crowdsourcing and knowledge sharing: Strategic user behavior on Taskcn," *Proceedings of the 9th ACM conferecce on Electronic commerce*, 2008.

119. Yoo, J. V. S. & Hannseen, D. M., "The Impact of Marketing-Induced vs. Word-of-Mouth Customer Acquisition on Customer Equity Growth," *Journal of Marketing Research*, XLV, 2008, pp. 48 – 59.

120. Zaheer, A., McEvily, B. & Perrone, V., "Does trust matter? Exploring the effect of interorganizational and interpersonal trust on performance," *Organizational Science*, 1998, 9, pp. 14 – 19.

121. Zaltman G, LeMasters K and Heffring M, "Theory Construction in Marketing: Some Thoughts on Thinking," New York: Wiley, 1982.

122. Zand, D. E., "Trust and managerial problem sovling," *Administrative Science Quarterly*, 1972, 17 (2), pp. 229 – 239.

123. Zheng, Haichao, Dahui Li, Wenhua Hou. "Task Design, Motivation, and Participation in Crowdsourcing Contests," *International Journal of Electronic Commerce*, 2011, Vol. 15 Issue 4, pp. 57 – 88.

124. Zhu, Feng and Xiaoquan (Michael) Zhang. "Impact of Online Consumer Reviews on Sales: The Moderating Role of Product and Consumer Characteristics," *Journal of Marketing*, 2010, 74 (2), pp. 133 – 148.

125. 黄敏学、李小玲、朱华伟:《企业被“逼捐”现象的剖析:是大众“无理”还是企业“无良”》,《管理世界》2008 年第 10 期。

126. [美] 艾尔·巴比:《社会研究方法》,华夏出版社 2009 年版。

127. 刘益、陶蕾:《零售商对供应商的信任、控制机制使用和价值创造之间的关系研究》,《管理工程学报》2007 年第 1 期。

后 记

和同学开玩笑说，论文的后记多是写在夜深人静的时刻，可能是夜幕的宁静便于人们回忆往事，而这后记承载了许多人的恩情，需要好好地回忆。三年前的这段时间，我正在为获取了武汉大学市场营销专业博士录取资格而激动和喜悦，其中充满了机缘，感谢导师黄敏学教授三年前收我为徒。此时毕业论文的临近收笔，见证了这段痛并快乐着的博士学习生活的即将结束。非常幸运能在武汉大学市场营销专业这个团结、年轻和学术氛围深厚的环境里学习，老师们总是竭尽所能为学生创造最好的研究条件，经常邀请营销领域的国内外知名学者交流访问。耳濡目染，使得我从一名门外汉逐渐了解到学术研究的门槛所在，并建立了对学术研究的情感偏好。

能够安心地进行三年博士生涯学习，有太多的人需要感谢了。首先需要感谢的是导师黄敏学教授，三年里面给予了我生活和学业上的无微不至的关怀，这篇毕业论文的完成只是他给予我帮助的其中一角。黄老师是我学术上的引路人，他循循教导指引我建立学术的规范思维，为我提供了开启学术殿堂的钥匙。毕业论文几经选题，黄老师以学术价值为判断标准，每一步都花费了大量时间和精力，他为我们树立了严谨治学的榜样。同样黄老师以身作则教导我们为人处事的价值观，要我们学会为他人着想，不能只顾个人利益，这些对于学生步人工作岗位、与人交往帮助很大。黄老师自己也总是尽量地为学生着想，为学生提供各种力所能及的帮助，如给学生经济帮助时会以学生情面能够接受的形式进行。在我找工作阶段，黄老师不厌其烦，动用了很多私人关系帮我引导和推荐。同样也要感谢师母刘老师，她也默默关心着我们，经常抽空参加我们的活动。人生中能碰上这样的导师和师母，是我最大的幸运，他们为我树立了学习的标杆。

武汉大学营销专业还有很多优秀的老师，他们刻苦努力的工作为所有学生树立了榜样。感谢汪涛老师，听他讲课是一种享受，同时给予学生研究点评时，每次总能让人从思想上获取全新认识。感谢黄静老师，在研究上她总是善于启发学生独立思考。感谢周南教授，他总是倡导我要做有价值的、符合中国国情的研究，为我们提供了新的研究视野。还要感谢张广玲老师、王长征老师、李晓老师、崔楠老师对我的论文提出了许多宝贵的意见。还有寿志刚老师、曾伏娥老师、朱华伟老师，他们用自己的研究经历为我提供了许多宝贵的研究方法和研究经验。同时需要真心感谢的还有美国 Illinois 大学的方二教授，他的学术造诣和敬业精神令我敬仰，他告诉我，研究是种职业，选择了就应该快乐地做好的教导令我受益匪浅。还有感谢香港城市大学的苏晨汀教授教会我应该如何建立营销的研究思维，以及中南财经政法大学的张新国教授、费显政老师在我们求职期间给予的鼓舞和帮助。还有匿名评审老师给本书提供了修改建议，在此表示诚挚的谢意。

让我感觉到很庆幸的是身边还有许多刻苦努力和热爱研究的伙伴，武大营销专业的良好氛围是我常引以为傲的事。受导师熏陶，同门兄弟姐妹都团结友爱，我们一起讨论各自研究，每每总能得到很好的理论和方法上的建议和启发。在研究遇到瓶颈时，总能得到其他所有人的支持和鼓励。同门之情，是我人生另一笔宝贵的财富。感谢朱华伟师姐、李小玲师姐、王峰、张音、周元元、谢亭亭、赵紫英师姐、黄勇师兄、周学春、王殿文、彭捷以及其他同门兄弟姐妹，谢谢你们给予过我的帮助和鼓励，希望我们同门之情能够地久天长。09 级博士市场营销专业是一个非常团结的集体，大家一起学习、一起欢乐，这段记忆也将终生难忘，感谢童泽林、刘红阳、周玲、张琴、张辉、刘洪深、金晨、肖萧、俞钰凡同学，珞珈山上留下的友情将会永远难忘。

最后，请允许我对家人表达最诚挚的感谢，我深知这并不是用简短的言语就能表达的。谢谢爸爸、妈妈长期以来对我学业的支持，他们总是让我安心学习，不要操心家里的任何事。为了我们兄姐弟三个，他们愿意付出自己拥有的一切，只要我们能够有一个比较好的发展前景。回报爸妈的养育之恩，是我永远前行奋斗的动力。感谢哥哥和嫂子，谢谢你们承担了许多应该由我履行的家庭责任，使我能够不用为家里的事分心。感谢姐姐，你的坚强对我帮助真的很大！家里三个可爱的小家伙，也要谢谢你们，每次看到他们打闹，我就觉得身心轻松。还有谢谢我的女朋友李丹妮同学，她教会了我爱和关心，希望我们能有一个美好的未来，我也会为之奋斗。希望家人永远健康欢乐！

需要感谢的人太多，而文字篇幅总是有限的，所有在我生命中留过烙印的人，感激之情我将留在心中。

冯小亮

2012 年 5 月于枫园

附：此文系本人博士毕业论文，有幸得到中南财经政法大学工商管理学院市场营销教研室同事的支持和鼓励，同时感谢国家自然科学基金（项目号：71302194）的资助，为我在众包领域的深入探索研究提供了经费保障。感谢编辑老师不厌其烦，多次为本书校正的辛苦付出。